내 이름의 책 한권

출판 코디네이터가 제안하는 리부팅 프로젝트

내 이름의 책 한 권

작은 날갯짓의 시작

정도준 · 백숭기 지음

네스토북
nestbook

나는 책을 쓰고,
책은 나를 리부팅한다

시절인연時節因緣이라 하지요.

모든 사물의 현상은 시기가 되어야 일어난다는 건데 이는 어떠한 우연도, 어떠한 필연도 아닌 그저 자연스러움이라 생각합니다. 오늘 이렇게 '내 이름의 책 한 권' 앞에서 '들어가는 말'을 쓰기까지 참으로 많은 시간과 인연이 필요했습니다. 출판과 함께한 30여 년. 아프기도 했고, 행복하기도 했고, 부끄럽기도 했으며, 뿌듯하기도 했습니다. 되돌아보는 건 언제나 아련하지만 지금 이 순간의 되돌아봄은 무척이나 선명합니다.

젊음의 순수한 피가 역동적으로 솟구치던 대학 시절, 책이 좋아서라기보다는 책을 읽어야 한다는 의무감으로 3~4일에 한 권씩 체하듯 우겨넣었던 수많은 책들이 한때는 과잉 사고를 유발하기도 했지만 이후 제 삶의 많은 자양분이 되어주었음은 분명한 사실입니다. 더욱

이 젊음의 순수가 현실의 냉혹함 앞에서 선택을 강요받던 순간, 주저 없이 출판의 길로 들어서게 되는 계기도 되었습니다.

책을 만지며 살고 싶다는 막연한 바람으로 시작한 출판사에서의 생활은 한동안 행복했습니다. 누군가의 원고가 책으로 나오기까지의 모든 과정은 묘한 설렘으로, 미약하나마 내 손을 거쳐 서점에 진열되어 있는 여러 책들은 은근한 벅참으로 다가왔기에 비록 성공은 아니어도 의미 있는 삶을 살고 있다 생각했습니다. 하지만 항상 가슴 한편에는 무어라 표현하기 애매한 헛헛함도 있었는데 그 원인은 긴 시간 동안 알지 못했습니다.

시간의 누적과 지루한 반복은 묘한 설렘도, 은근한 벅참도 무디게 하더군요. 어느 때 부터인가 출판의 과정은 평범한 일상이 되었고 손에 놓인 책들은 그저 상품일 뿐이었습니다. 더욱이 매출과 관련된 제반 숫자의 압박은 급기야 출판에 대한 회의와 무력감까지 가져다주었습니다. 책을 부정하는 건 아니었지만 더 이상 책 앞에서 제대로 마주할 수 없었기에 그냥 떠나고 싶어 스스로 출판과의 냉정한 이별을 고하며 독한 고립을 단행하기까지 했습니다.

하지만 어렵게 선택한 고립은 피치 못할 사정으로 6개월 만에 끝났고, 정확히 그 시점에 너무나 우연한 계기로 한 권의 책에 대한 기획과 진행을 의뢰받게 되었는데, 이때 처음으로 '시절인연'이라는 말이 머릿속을 맴돌게 되었습니다. 강한 외면이었는데 결국 이렇게 다시 마주하게 되는 걸까요? 잠깐의 공백이었지만 다시 마주한 책은 이전과 달랐습니다. 출판사의 입장이 아닌 저자의 입장에서 책을 바라보게 되었기에 더 이상 책은 상품이 아닌 삶으로 다가왔습니다. 작은 변화라 말할 수도 있겠지만 이러한 시각의 차이는 저를 다시 설렘과 벅참으로 이끌었고, 책을 만지며 살고 싶다는 그 옛날의 바람이 이제야 제자리를 잡았다는 확신도 들었습니다.

출판 코디네이터publishing coordinator!
여러 고민 끝에 결정한 제 자신에 대한 수식어입니다. 이는 내 이름의 책 한 권을 시도하는 누군가에게 처음부터 끝까지 같이 고민하고, 적극적으로 방향을 제시하고, 최선의 결과물을 도출해낼 수 있도록 든든한 동행의 역할을 하겠다는 약속이기도 합니다. 이 약속을 바탕으로 다시 이어진 출판의 길에서 그동안 여러 인연을 만났는데 그 인연들은 책을 위한 비즈니스 관계가 아니라 책을 통한 깨달음의 나눔이었습니다.

그렇습니다. 책은 분명 선한 영향력을 품고 있었습니다. 더욱이 내 이름의 책 한 권은 인간의 가장 고귀한 활동 중 하나이며 누구나 마음 깊숙이 간직한 버킷리스트이기도 합니다. 또한 책은 읽는 이들에게 다양한 영향을 전달하지만 쓰는 이에게도 커다란 변화를 가져다준다는 사실을 그동안 저에게 책 한 권의 진행을 의뢰했던 그들의 진솔한 모습에서 다시금 확신했기에 저의 30여 년 출판은 출판 코디네이터 이전과 이후로 분명하게 나뉠 수 있게 되었습니다.

　그런데, 독자를 염두에 둔 책의 분석이 아닌 저자를 우선 염두에 둔 책의 가치를 바라보며 나름의 보람과 긍지를 가지고 있던 어느 날, 코디네이터의 역할에서 몇 번의 동행으로 필자를 지켜봐온 파트너로부터 책을 출간해보라는 뜻밖의 진심어린 제안을 받았습니다. 곧이어 마치 서로 짜기라도 한 듯, 출판사를 운영하는 후배가 비슷한 제안을 해왔고, 심지어 친하게 지낸지 얼마 되지 않은 대학 선배에게 "넌 이제 네 책을 쓸 때가 된 것 같다."는 조언까지 듣게 되었습니다. 하지만 내 이름의 책 한 권은 누군가를 위한 나의 역할이었지 나를 위한 시도는 절대 아니라고 생각했습니다.

　강한 부정은 강한 긍정일 수도 있는 걸까요? 세 명의 출판 제안은 막연한 거부감 속에서도 살며시 요동치고 있었나 봅니다. 어느 날, 출판 코디네이터로 만나온 저자들 한 분 한 분의 모습을 떠올리면서 앞으로 새롭게 만날 예비 저자들을 오버랩하다가 마치 소명처럼 제가 감당해야 할 새로운 역할을 깨닫게 되었습니다. 첫째, '많은 사람들의 버킷리스트 중 하나로 자리 잡을 만큼 소중한 것이라면 내 이름의 책 한 권을 3인칭 시점이 아닌 1인칭 시점에서도 경험에 보아야 한다.' 둘째, '아직 두렵고 낯설고 망설이는 예비 저자들에게 코디네이터로서의 직접적인 동행은 한계가 있으니 책을 통하여 경험을 공유하고

조언을 전달할 필요가 있다.'

결국 코디네이터는 저자가 되기로 결심하였고 여느 저자가 그러하듯 혼자만의 낯선 싸움을 시작하게 되었습니다. 그런데 정말 희한한 일이 벌어졌습니다. 책을 쓰는 동안 책이 나를 끊임없이 리부팅하는 놀라운 경험을 하게 된 것입니다. 이것이었습니다. 내 이름의 책 한 권이 가져오는 가장 소중한 가치는 바로 스스로를 부둥켜안고, 다시금 일으켜 세우고, 당당히 나아가게 만드는 것이었습니다. 이 책은 저의 출판 인생을 정리하는 책도 아니고 그렇다고 독립출판을 위한 지침서도 아닙니다. 글쓰기 전략이나 창작의 스킬을 담은 문학적 교과서는 더욱 아닙니다. 이 책은 내 이름의 책 한 권을 통해 삶의 차분한 정리와 새로운 도약을 준비하는 예비 저자를 위한 기본적인 안내서입니다. 이러한 목적과 가치를 분명히 하고 시작한 작업이었기에 이 책은 타인 지향적이지 자아 탐구적이라고는 미처 생각하지 못했습니다. 감사합니다. 아직 만나지도 않은 예비 저자들과 이 글을 읽고 있을 예비 독자들 덕분에 제가 저자가 되었고 제 자신을 더 다듬을 수 있었습니다. 그래서 더 정성껏 내용을 담았습니다.

이 책에는 다양한 저자들과의 만남 속에서 우러나온 삶의 이야기, 성공 뒤에 숨겨진 고뇌와 아픔을 하나의 진주로 빚어낸 저자들의 고백, 주저하며 출간했던 내 이름의 책 한 권이 자신의 분야에서 한 단계 도약하는 발판이 되어 주었던 의뢰인들의 성공 스토리가 모두 담겨

있습니다. 이 책을 통해 내 이름의 책 한 권이 단순히 성공한 사람의 액세서리가 아니라 누구에게나 반드시 필요한 거울과 같은 존재라는 사실을 들려드리고 싶었습니다. 그리고 코디네이터겸 한 명의 저자로서 내 이름의 책 한 권의 가치와 역할을 보다 많은 사람들과 나누고자 합니다.

어떤 책이든 허투루 나오는 건 없습니다. 하늘 아래 모든 책은 다 산고에 비유할만한 지난한 노력과 힘겨운 고통을 통해 탄생합니다. 이 책 역시 마찬가지입니다. 출판사에서 아무리 오랫동안 책을 만들어왔다고 해도 저 역시 책을 쓰는 일이 마냥 쉽고 간단했던 건 아닙니다. 저에게도 저자로서의 경험은 처음이기 때문입니다. 원고를 쓰는 동안 몇 번이고 포기하고 싶은 생각이 간절했습니다. 이 경험을 통해 저의 출판 인생에서 또 하나의 멋진 퍼즐을 맞춰나갈 수 있게 되었음을 고백하며 부디 이 책을 통해 내 이름의 책 한 권을 꼭 만드는 여러분들이 되시기 바랍니다.

제가 이 책을 출간하게 된 것도, 여러분이 이 책을 읽고 있는 것도, 그리하여 당신이 내 이름의 책 한 권을 시작하는 것도, 모두 시절인연입니다. 감사합니다.

2021년 9월 정도준

CONTENTS

"작가들은 저마다 레퍼토리 극단을 하나쯤은 머릿속에 품고 태어난다.
셰익스피어는 약 스무 명의 배우가 있고, 나는 십여 명이 있다."
－고어 비달－

독서의 즐거움에서
집필의 경이로움으로

　지금은 세계적인 베스트셀러 작가로 유명한 브라질의 국민소설
가 파울로 코엘료Paulo Coelho는 어린 시절을 정신병원에서 보낼 정도
로 분노와 우울이 점철된 불안한 청소년기를 보낸다. 그의 지적 불만
을 표출할 수 있는 유일한 출구는 당시 젊은이들 사이에서 인기를 얻
던 히피 문화와 록 음악이었다. 머리를 치렁치렁 기르고 다니는 코엘
료를 상상해보라. 현재 그의 점잖은 모습을 떠올려 보면 도무지 상상
이 안 가는 대목이다. 내면에서 끓어오르는 분노는 싸울 대상을 필요
로 했고, 어디로 튈지 모르는 그의 성격은 심지가 타들어가는 폭약과
같았다. 1974년에 결국 사달이 났다. 브라질 독재 정권을 비판하다가

졸지에 감옥에 투옥되었고 거기서 몸서리쳐지는 고문을 받기도 했다. 그렇게 그는 어디 하나에 마음을 집중하지 못하고 파란만장한 청년기를 보낸다. 잠시 잡지사에 기웃거리기도 했고, 불교나 힌두교 같은 동양종교에 심취하기도 했다.

끝 모르게 낭비하는 게 청춘이라고 했던가. 이런저런 소일거리를 전전하다 어느덧 40대가 되어버린 그는 1986년 무작정 산티아고로 순례길을 떠난다. 이유는 오직 하나, 부표처럼 떠다니던 자신의 인생에 해답을 찾고 싶어서였다. 그렇게 그는 길 위에서 내면으로부터 솟구쳐 오르는 문학적 욕구를 발견한다. 자신에 대한 이야기, 세상에 대한 이야기가 자기도 모르게 입에서 줄줄 새어나왔다. 그 경험을 되살려 1987년 누가 시키지도 않았는데 코엘료는『순례자』를 쓴다. 습작한 번 없었던 그의 첫 번째 작품이었다. 결과는 여러분들이 모두 아는 바와 같다. 그의 첫 소설『순례자』는 그의 삶을 송두리째 바꾸어 버렸다. 많이도 필요 없었다. 단 한 권의 책이 그의 운명을 바꾼 것이다. "살아오는 동안 겪은 수많은 일들 중에서, 난 산티아고 순례길에서 보낸 그 첫날밤을 잊을 수가 없다. … 오늘 나는 작은 씨앗이 되었다. 나는 새롭게 다시 태어났다. 내가 빠져 있던 깊은 잠과 대지가 안락함으로 가득 차 있음에도 불구하고, 난 '저 높은 곳'의 삶이 훨씬 더 아름다운 것임을 발견했다. 난 내가 원하는 만큼 새롭게 또다시 태어날 수 있었다."*

『다빈치 코드』로 유명세를 떨친 댄 브라운Daniel Brown의 사례는 더 극적이다. 대학에서 음악을 전공한 그는 본래 자신이 작곡한 노래로 명반을 내는 싱어송라이터가 꿈이었다. 놀랍지 않은가? 아마 작가로 풀리지 않았다면 우리는 그가 노래 부르는 모습을 TV로 보지 않았을까 싶다. 그는 청운의 꿈을 안고 할리우드로 가서 신시사이저로 작곡한 데모 앨범을 만들어 팔았고, 당차게 자신의 이름을 걸고 레코드 회사를 세우기도 했다. 하지만 음반에 대한 대중의 반응은 시큰둥했다. 자신 있게 내놓은 곡들은 어디선가 들어봄직한 익숙한 멜로디에 식상한 반주가 대부분이었다. 실망한 그는 낙향하여 자신의 모교에서 영어교사가 되었다. 생계를 유지하기 위한 어쩔 수 없는 선택이었을 것이다.

그렇게 의미 없는 시간을 보내던 그는 베스트셀러 작가로 유명한 시드니 셀던의 소설을 우연히 읽다가 갑자기 작가가 되기로 결심한다. 마음속에서 작가의 창작욕이 활활 불타올랐다. 1996년, 자신의 이름으로 한 권의 책도 내지 못했던 댄 브라운은 이렇게 해서는 결론이 나지 않겠다는 마음에 아예 교사를 그만두고 전업작가로 나선다. 나

---

* 파울로 코엘료, 『순례자(문학동네)』, 박명숙 역, 48.

름 배수의 진을 친 것이다. 그렇게 해서 낸 책이 2003년 『다빈치 코드』였다. 댄 브라운이라는 이름을 달고 나온 네 번째 책이었다. 그가 이전까지 냈던 세 권의 소설은 모두 이렇다 할 인기를 누리지 못했고 이번이 마지막이라는 심정으로 낸 소설이었다. 『다빈치 코드』가 공전의 히트를 기록하게 되면서 이전에 별다른 반응이 없었던 그의 이전 소설들도 덩달아 베스트셀러에 오르는 역주행을 했다. 이후 『오리진』을 발표하는 등 브라운은 지금도 여전히 왕성한 집필활동을 이어가고 있다.

지금 괜히 허파에 바람을 넣는 게 아니다. 책 한 권 낸다고 누구나 코엘료나 브라운이 될 수는 없다. 하지만 내 이름의 책 한 권은 사실 누구나 가능하다. 시몬 드 보부아르는 『제2의 성』에서 "여성은 태어나는 것이 아니라 만들어지는 것이다."라는 유명한 말을 했다. 마찬가지다. "작가는 태어나는 것이 아니라 만들어지는 것이다." 감히 단언할 수는 없지만, 필자는 작가로 태어나는 사람은 이 세상에 아무도 없다고 생각한다.

작가적 소질이 있는 사람, 혹은 성공한 사람만이 책을 쓸 자격을 갖고 있는 건 아니다. 내 이름의 책 한 권을 갖고 싶은 사람이라면 누구라도 한 번쯤 모든 가능성을 열어 두고 책이 어떤 과정을 거쳐 만들어지는지, 어떤 사람들이 어떻게 책을 기획하고 진행하고 출간하는지 살펴볼 필요가 있다. 이제 이번 장에서 그 기나긴 이야기를 해보려고 한다. 여러분들도 필자처럼 책 이야기가 재미있기를 바라며….

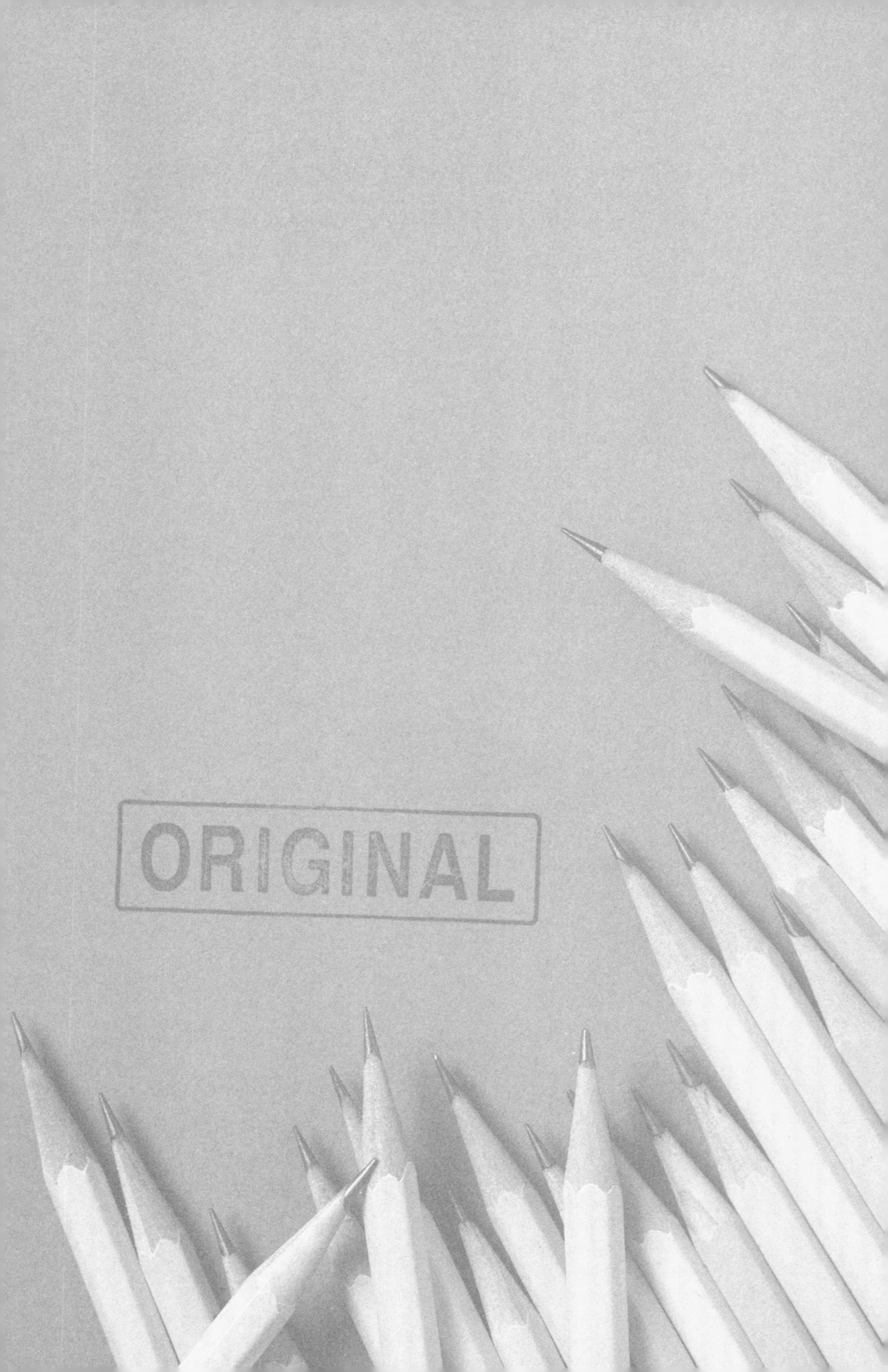
ORIGINAL

읽는 즐거움만큼
쓰는 즐거움도 크다

　소설가 김훈은 기자로 사회생활을 시작했다. 아마도 아버지가 일찍이 신문사 편집국장을 지냈던 영향이 있었을 것이다. 신문사에서 글밥을 먹었다는 것만으로 작가로서 탄탄한 토대를 다졌다고 볼 수 있을까? 그는 고려대 정치외교학과에 들어갔다가 2학년 때 우연히 영국의 낭만주의자 바이런의 시를 읽고 문학에 빠지게 되었다고 한다. 정치가 특정 사회집단이나 국가의 이익을 위해 말을 보태는 작업이라면, 문학은 불특정다수에게 삶의 감수성을 감염시키는 작업일 것이다. 그래서인지 책에 빠져 책을 읽고 그 감정을 고스란히 자신의 것으로 승화시킬 수 있는 사람은 주변이 다 말려도 결국 작가의 길에 들어서는 것 같다.

　김훈이 그랬다. 가슴 밑바닥에서 끓어오르는 문학에의 열정은 그를 가만히 놔두지 않았다. 바이런의 시는 그를 감염시켰다. 그는 다시 시험을 쳐서 영문과로 들어간다. 젊은 시절 방황이 누구에게는 가늠할 수 없는 혼돈이지만 누구에게는 벼락같은 축복일 수 있다. 그러나 뒤늦게 문학 공부에 흥미를 느끼던 것도 잠시, 갑자기 아버지가 타계하면서 집이 경제적으로 급격히 어려워졌다. 마침 여동생도 대학에 입학하던 때여서 가장으로 집안을 먹여 살려야 한다는 책임감으로 김훈은 대학을 중퇴하고 신문사에 입사한다. 길을 발견한 김훈은 다시 길을 잃고 헤매기 시작한다. 문학을 좋아하던 글쟁이가 세상에서 할 수 있는 거라곤 글을 써서 생계를 유지하는 수밖에 없었다.

하지만 기자 생활은 그의 문학적 감수성을 틀어막기에 턱없이 부족했나 보다. 1989년, 40대 중반이 다 된 나이에 잘 다니던 신문사를 돌연 그만두고 이렇다 할 고정된 직업 없이 전국을 정처 없이 돌아다닌다. 마흔이 다되어 산티아고로 순례길을 떠났던 코엘료의 모습이 슬쩍 비치는 것 같다. 그러다 1994년, 김훈은 『빗살무늬토기의 추억』을 발표하면서 문단에 혜성 같이 등장난다. 얼마 안 있으면 그의 나이 쉰을 바라보던 때였다. 하지만 아직 그는 영글지 않은 대기만성의 작가였다. 치밀한 글쓰기 연습을 통해 멈추지 않고 자신만의 문체를 다듬어갔다. 어느 평론가의 말처럼 '한국 문학계에 벼락같이 쏟아진 축복'으로 평가받은 그의 대표작 『칼의 노래』는 그렇게 2001년이 되어서야 발표할 수 있었다. 그의 나이 54세였다. 『칼의 노래』로 동인문학상을 수상하게 되고 이후 그는 전업작가의 길로 들어서게 된다.

장정일은 독서광으로 유명하다. 그는 오로지 삶의 남은 기간 동안 책을 읽고 글을 쓰기 위해 한직을 찾아 말단 공무원으로 취직했던 카프카를 닮았다. 종교적 이유로 학업을 이어가지 못했던 그는 어려서 부터 삼중당 문고 고전들을 하나씩 읽어나가며 작가로서의 꿈을 키운 것으로 알려져 있다. 이미 성인이 되었을 때 지역 도서관의 책들을 거의 섭렵한 그는 자신이 읽은 책들을 바탕으로 본격적인 독후감을 쓰기로 마음먹는다. 그렇게 해서 탄생한 『장정일의 독서일기』는 그의 전방위적 독서 편력을 보여주기에 부족함이 없다. 하루 종일 따뜻한 방바닥에 이불을 깔고 누워 책을 읽는 것이 가장 행복하다는 장정일은 오늘날 우리나라에서 다독가로 손에 꼽히는 작가다.

하지만 그런 그도 내 이름의 책 한 권이 없었다면 오늘날 이름 있는 작가가 되지는 못했을 것이다. 장정일은 1897년 시집 『햄버거에 대한 명상』을 내면서 세상에 이름을 알리기 시작했기 때문이다. 그 작품으로 장정일은 김수영문학상을 수상하며 문학계에 화려하게 데뷔한다. 글을 읽는 사람에서 글을 쓰는 사람으로, 책을 읽는 사람에서 책을 내는 사람으로, 독자에서 저자로 변모한 셈이다. 이후 국내 문학계에서 그를 놓고 외설 시비와 문학의 지위에 관해 일대 논쟁이 벌어지지만, "독서란 독자와 저자의 이인삼각 경기"라고 말하는 장정일은 이미 수십 권의 책을 낸 저자로 오늘도 독자들과 끊임없는 소통을 이어가고 있다.

김훈과 장정일을 예로 들었지만 읽는 즐거움을 느낀 대다수의 사람들은 쓰는 즐거움도 안다. 사람은 누구나 무언가 창조하기를 원하며 그런 의미에서 독서의 즐거움보다 글쓰기의 즐거움은 본질적으로 자발적이고 자기 주도적인 활동이다. 그리고 글쓰기의 즐거움에는 기본적으로 창조의 즐거움이 들어있기 때문이다. 내 이름의 책 한 권을 세상에 내놓는 것은 이러한 창조의 즐거움을 느끼게 해주는 가장 적극적인 행위이자 본질적인 활동이다. 신기한 것은 창조의 결과물로 나온 책 한 권이 저자의 등에 날개가 되어 새로운 단계로 재도약할 수 있도록 저자를 변모시키며 저자를 재창조시킨다는 사실이다. 쓰는 즐거움의 비약적 발전인 셈이다.

물론 쓰는 즐거움의 대상을 앞에서 언급한 문학적 창작물로 제한할 필요는 전혀 없다. 자신이 살아온 이야기도 좋고, 자신이 깨달은 삶의 방식이어도 좋고, 자신의 전문분야에 대한 대중적 접근도 좋다. 그저 스스로의 특별한 이야기를 조금씩 이어나가면 된다. 하루 한두 문장의 작은 결과물이 차곡하게 쌓이면 어느 순간 즐거움은 자신감으로 변하여 내 이름의 책 한 권에 대한 멋진 도전이 시작될 것이다.

독서는 간접 경험이지만
집필은 직접 경험이다

세상에 많고 많은 게 책이다. 하루에도 국내에 수백 종의 책이 쏟아진다. 그중에 내 이름의 책 한 권이 있다는 건 어떤 의미일까? 아마 이 땅에 조그맣게나마 자신의 족적을 남기는 것일지 모른다. 아무리 작은 족적이라도 존재의 흔적이 이 땅에 남는다는 사실은 매우 의미심장하다. 이는 명승지나 유명 관광지에 가서 회벽에 자신의 이름을 새기는 몰상식한 이들의 멘탈리티와는 그 의미가 전혀 다르다. 한 권의 책을 집필하는 일은 자신의 모든 가치를 활자에 담아 모두와 공유하려는 발버둥이기 때문이다. 쇼베 동굴이나 알타미라 동굴 벽면에 형이상학적 도형과 무수한 소떼를 그렸던 원시인들을 떠올려보라. 그들은 자신들이 남긴 족적이 단순히 심심해서 끼적거린 이름 모를 담벼락의 낙서가 아니라 예술혼과 창작욕을 분출시킨 결과물이자 분신임을 잘 알고 있었을 것이다.

이런 창작욕은 누구에게나 있다. 어제와 다름없는 일상을 사는 가운데 어느 순간 나도 한번 글을 써보고 싶다는 생각이 번뜩 뇌리를 스치고 지나간다. 미식가는 미슐랭 가이드에 따라 맛집 투어를 다니다가 어느 순간 내가 이 맛있는 음식을 직접 만들어 보고 싶다는 충동에 사로잡힌다. 가수는 남이 주는 곡들을 부르다가 어느 순간 내가 직접 내 이야기로 곡을 쓰고 가사를 붙이고 싶다는 욕망을 느낀다. 배우는 남이 쓴 시나리오로 배역을 연기하다가 어느 순간 내가 직접 감독이 되어 내가 쓴 글을 가지고 영화를 만들고 싶다는 생각이 든다. 마찬가지다. 책을 사랑하고 독서를 즐기는 독자는 갑자기 자신이 직접 책을 써보고 싶다는 충동에 사로잡힌다.

박완서가 그랬다. 그녀는 서울대 국문과에 입학했으나, 입학한 그해 한국전쟁이 터져 학업을 다 마치지 못했다. 주변에 모든 것이 엄혹하고 생존 자체가 절대 명제이던 시절, 여성의 신분으로 공부를 이어간다는 건 사치에 가까운 만용이었다. 그것도 문학을 말이다. 그렇게 공부의 시기를 놓친 박완서는 휴전 이후 생계를 위해 백화점 점원으로 일한다. 무슨 생뚱맞은 백화점 점원일까 하겠지만, 모든 것이 궁핍하고 부족하던 시절 그렇게 일에 빠져서라도 암담한 현실을 잊어야 했을지 모른다. 이후 백화점에서 함께 근무하던 한 평범한 남자와 만나 결혼하기에 이른다. 남편과 사이에서 1남 4녀를 두었다. 그렇게 고단한 주부로서의 삶이 시작된다. 스포트라이트를 받았을 것 같은 유명 작가의 삶을 돌아볼 때, 등단 이전 그녀의 이런 삶은 화려함과 거리가 먼 지극히 소시민적인 것이었다.

그러던 1969년 그녀에게도 삶의 분기점이 다가왔다. 과거 처녀 시절 미8군 PX에서 근무하다가 알게 된 박수근의 유작전遺作展을 보고 갑자기 글을 쓰고 싶다는 충동에 사로잡힌 것이다. 자신의 이야기도 아닌 자신과 무관한, 그것도 남성 화가의 전기를 쓴다? 어딘가 앞뒤가 맞지 않는 창작욕이었다. 어쨌든 그녀는 무작정 박수근 전기를 써 내려갔다. 과거 PX에서 우연찮게 만난 적이 있고, 같이 차를 마시며 몇 마디 담소를 나눈 것 외에는 박수근에 대해 알고 있는 게 거의 없다는 것을 그제야 알게 되었다. 박완서는 그때까지 썼던 십여 장의 원고를 다 찢어버리고 이번에는 자신의 이야기를 쓰기로 마음먹었다. 그때부터 그녀의 펜은 춤을 추기 시작했다. 그렇게 그녀가 쓴 작품은 1970년 「여성동아」 신춘문예에 당선되었고, 한 번의 습작도 거치지 않고 박완서의 처녀작 『나목』은 이렇게 탄생하게 된다. 상금 50만 원을 타서 남편한테 나도 돈 벌어왔다고 자랑하고 싶다는 일념으로 쓴 자신의 이야기였다.

필자는 박완서의 『그 많던 싱아는 누가 다 먹었을까』라는 작품을 좋아한다. 그 작품을 읽을 때면, 눈앞에 어린 시절 박완서의 모습이 너무 사실감 있게 구현되기 때문이다. 자신의 이야기가 가진 진정성의 힘이 바로 그 이유일 것이다.

"나는 냄비를 들고 전차 종점 쪽으로 뛰어 내려갔다. 종점엔 큰 아이스케키 가게가 있다는 걸 알고 있었다. 오 전어치를 사니까 덤까지

한 개 주었다. 그러나 오르막길은 쉽지 않았다. 그 지긋지긋한 층층다리를 헉헉 대며 오르는 동안도 뙤약볕은 사정없이 내리쬐였다. 허덕이며 집에 당도했을 때는 아이스케키는 거의 막대기만 남고 냄비 속엔 불그죽죽한 물만 고여 있었다. 손님이 기가 막히다는 듯이 끌끌 혀를 찼다. '아니, 너라도 빨아먹을 것이지, 어쩌자고 몽땅 물을 만들어 가지고 오냐?' 손님의 한심해하는 말투에 엄마는 단호하게 반박했다. '우리 애는 그렇게 고지식하답니다.' 엄마가 이렇게 철석같이 정직성을 믿는 딸이 매일 한 푼 두 푼 엄마의 지갑을 축내고 있었다. 잘못한다는 죄의식조차 없이."**

너무 생생하게 묘사되어 있어서 마치 독자가 저자의 어린 시절을 옆에서 관찰하고 있는 느낌이 들 정도다. 박완서는 이 작품을 통해 비로소 자신의 어린 시절을 솔직하게 마주할 수 있었노라고 고백한 걸 어디서 읽은 기억이 난다. 내 이름의 책 한 권은 바로 박완서의 소설과 같다. 독서는 간접 경험이지만 집필은 직접 경험인 것이다. 자신의 이야기를 할 수 있는 용기는 내 이름의 책 한 권을 만드는 데 있어 가장 필수적인 질료라고 할 수 있다.

이제 다음 꼭지에서부터 자신의 이야기를 하기 위해 용기를 냈던 적지 않은 저자들을 한 명씩 찬찬히 소개할까 한다.

** 박완서, 『그 많던 싱아는 누가 다 먹었을까』, 웅진하우스, p.86~87

나와의 마주함이 가져다주는
치유와 성찰

독자는 책으로 저자와 마주하지만 저자는 책으로 스스로와 마주한다. 내 이름의 책 한 권을 자신의 버킷리스트에 담고 있는 사람이라면 그는 분명 자신만의 특별한 삶을 살아왔을 것이다. 그런데 그 특별한 삶의 과정에는 반드시 숱한 어려움이 있었으리라. 홀로 혹독하게 극복했을 수도 있으며 누군가의 도움으로 위기를 넘겨왔을 수도 있겠지만 그때의 어려움은 크든 작든 쉽게 지워지지 않는 생채기를 남기어 가슴 깊숙이 자리하게 된다. 물론 버킷리스트를 실행할 즈음이면 생채기의 쓰라림보다 평온의 안정을 유지하고 있을 것이다. 그런데 내 이름의 책 한 권은 잊히거나 감추어진 자신의 상처를 기필코 끄집어내곤 한다. 왜냐하면 저자는 자신의 책 앞에서 독자 이전에 스스로와의 마주함을 피할 수 없으며 스스로와의 마주함이 있어야만 비로소 저자가 담고 싶은 하는 책의 내용이 생동감과 공감으로 독자에게 다가갈 수 있기 때문이다.

독자에게는 책이 밖을 내다보는 창문이라면, 저자에게는 안으로 반사되는 거울과 같다. 그런데 이 거울을 통하여 자신을 들여다보는 것이 쉬운 일은 아니다. 자신의 과거와 오늘의 좌표를 직시하고 새로운 도전을 향해 도약을 꿈꾸는 이들이라면, 그리하여 내 이름의 책 한 권 앞에 솔직하게 서있는 사람이라면 자신을 마주하는 과정에서 생생하게 되살아나는 마음 속 깊은 상처와의 조우가 의외로 힘거울 수 있다. 하지만 내면의 성찰은 언제나 두렵고 힘들지만 동시에 새로운 깨달음과 치유를 가져다준다. 그 바라봄이 진솔하고 절박할수록 상처는 치유와 성찰의 놀라운 잠재력을 발휘하게 된다.

많은 저자들이 필자와 함께 책을 진행하면서 치유를 얻고 성찰하며 변화하고 발전했지만, 그중에서 특히 기억에 남는 저자가 한 명 있다. 모 중학교 국어선생님인 저자는 빼어난 미모 못지않게 해맑은 웃음을 간직하고 있었다. 그녀는 출판의 가능성을 타진하기 위하여 스스로 편집해서 가제본까지 마친 책을 몇 권 들고 필자를 찾았다. 그녀는 조심스레 가제본을 내밀며 무조건 어떠한 방법으로든 출판을 진행하고 싶다고 했다. "저는 꼭 이 책을 내고 싶어요. 도와주실 수 있어요?" 그동안 만난 그 어떤 저자보다 출판에 적극적이었다.

그러나 필자는 조금 난감했다. 출판하기를 원하는 책은 그녀 스스로 체득한 자기 관리용 성공 다이어리였는데, 필자가 보기에 원고의 방향과 의도, 출판에 대한 적극적인 자세에 비해 원고 내용은 여러모로 엉성하기 짝이 없었다. 무엇보다 원고에는 그녀의 정확한 출판 의

도가 제대로 담겨 있지 않았다. 내 이름의 책 한 권을 처음 시작하는 저자들 중에는 이처럼 출판 의도와 목적을 분명하게 가지고 있음에도 목차 구성이 허술하거나 내용이 너무 빈약하거나 서술의 방향이 뒤틀린 경우가 많다. 심지어는 의도와 목적마저 불분명한 경우도 있다. 이런 원고는 그대로 출간될 경우, 거의 십중팔구 독자에게 외면받기 일쑤다. 독자에게만 외면 받으면 다행인데 출간 후 저자 스스로 자기 책에 대한 부정으로 되돌아 올 수도 있다.

　비록 그녀의 원고가 부족하기는 했어도 정확한 출판 의도가 있었기에 필자는 원고의 기본 틀은 유지하되 대대적인 수정과 보완이 필요하다고 했다. 처음에는 저자가 받아들이기 힘들어 하는 것 같았지만 수시로 연락을 주고받으며 개정의 필요성을 설득해 나갔다. 그리고 그녀에게 지금까지 많은 영향을 끼친 여러 권의 책들을 바탕으로 성공 다이어리의 목표와 가치, 구체성과 실용성을 세밀하게 다듬어 갈 것을 요구했다. 그런데 그 과정에서 뜻밖의 일이 일어났다. 그녀는 자신의 책 앞에서 숨겨진 자아와 솔직하게 마주하게 되었고, 해맑은 웃음 뒤에 감춰지고 잊혔던 지난날의 아픔이 되살아나는 혹독한 시련을 겪어야 했다. 보통 인생에서 커다란 상처를 입은 사람들은 아픈 과거를 떠올리기 싫어 기억을 소거하는 방법을 선택하는 경우가 있다. 그런데 소거된 기억이 되살아난 것이다. 책을 준비하는데 웬 아픔이냐고 반문할지 모르겠지만, 그건 책 앞에 마주하는 저자의 입장에서만 느낄 수 있는 묘한 경험이다.

　물론 상처만 되살아나는 건 절대 아니다. 저자마다 조금씩 부분적 강도가 다를 뿐 누구에게나 희노애락애오욕喜怒哀樂愛惡慾 모두가 되살아난다. 단맛과 쓴맛, 떫은맛까지 목구멍 뒤에서 다 생생하게 올라온다. 그녀의 경우 필자도 구체적으로 그 상처를 다 알 수는 없었지만, 그녀는 수일 동안 눈물을 쏟았고, 절절한 아픔과 상처를 다 드러내고서야 비로소 성공 다이어리를 완성할 수 있었다. 결혼과 함께 찾아온 여러 아픔과 순탄치 않았던 과거 삶의 여정들이 파노라마처럼 그녀의 앞을 지나가면서 원고는 전에 없던 새로운 생명력을 얻어 나갔다. 그녀는 책을 진행하면서 과거의 아픔과 진하게 마주했고 결국 구석에서 웅크리며 울고 있는 자신의 자아와 따뜻하게 포옹했다. 그녀의 치유와 성찰이 깊어질수록 원고는 더욱 풍성해지고 그녀가 제시하는 성공의 방향 역시 명확해졌다. 성공은 결국 끊임없는 도전과 변화의 자기계발에서 시작되는 것이기에 역설적이게도 성공의 시작이 치유였던 것이다.

　그렇게 어려운 고비를 넘기며 원고는 완성되었고, 오랜 산고 끝에 책은 출간되었다. 내 이름의 책 한 권은 그녀의 삶을 바꿔놓았다. 책의 첫 번째 독자는 저자 자신이라는 말이 있다. 그녀가 쓴 책은 독자들에게 매일의 성공 법칙을 제시하고 있지만 저자인 그녀에게는 자신과의 싸움에서 승리한 유쾌한 추억의 기념비가 되었다. 이제 그녀의 해맑은 웃음에서 여유와 따스함까지 느껴지는 건 비록 필자만이 아니리라. 그녀와 그녀 책의 독자들에게 진정한 성공이 함께 하기를 진심으로 응원한다. 더불어 여러분도 과감하게 자신의 상처와 마주하여 내 이름의 책 한 권으로 성공하기를 바란다.

ORIGINAL

뜻밖의 혜안으로 다가오는
진한 홀로서기

　사실 자신을 바라보는 경험은 내 이름의 책 한 권이 아니어도 어디서나 할 수 있는 일일지 모른다. 개인적으로 종교가 있다면 명상이나 기도를 통해서도 얼마든지 가능하고, 일상에 자신만의 특정한 루틴이 있다면 그 습관을 통해서도 언제나 가능하다. 하지만 책을 쓰는 것만큼 내밀하고 깊이 있는 바라봄은 불가능한 것 같다. 경험과 생각을 글로 정리한다는 것은 솔직하게 자신을 들여다볼 수 있는 눈을 선사하고 그 눈을 통해 자신의 내면에 대해 많은 깨달음을 얻을 수 있기 때문이다. 그리하여 내 이름의 책 한 권은 생을 반추하는 시선이다.

　자신의 책 앞에서 스스로의 마주함으로 치유와 성찰을 얻는다는 건 곧 홀로서기의 과정을 피할 수 없다는 뜻이기도 하다. 홀로서기에 유독 강한 사람들이 있다. 필자 역시 홀로 산행도 하고, 마라톤도 하고, 자전거도 즐겨 탄다. 남들과 함께 할 때도 물론 즐겁지만, 혼자 하는 산행과 여행만큼 삶에 새로운 활력을 주는 것도 따로 없는 것 같다. 가파른 능선을 오르며 호흡이 가빠지고, 42.195km의 어느 순간 머릿속이 맑아지는 약간의 그 자학적 시간을 통하여 위기 극복의 홀로서기를 수없이 반복해왔다. 그런데 뜻하지 않게 집필을 결정하면서 책 앞에서의 아주 낯선 홀로서기를 마주하게 되었던 것이다.

자학을 통한 홀로서기는 거의 자신과의 싸움에 가깝다. 이는 흐트러지고 나태해진 자세를 가다듬고 세상 속에서 살아남기 위한 인내와 극기로 홀로서기의 두터운 갑옷을 준비하는 것과 같다. 20대 중후반부터 지속해온 이러한 홀로서기도 오랫동안 반복하다 보니 내성이 생겼고 40대 후반에 찾아온 삶의 허무함과 두려움은 더 이상 자학적 땀 흘리기로 해결되지 않았다. 때마침 상품과 숫자로만 책을 평가하는 출판계의 현실에 짙은 회의감까지 더해지며 방황의 늪에 빠졌다.

이때 선택한 홀로서기는 부정과 단절, 그리고 극한 상황이었다. 짙은 회의감이었기에 더욱 거친 몸부림이었을지도 모른다. 아니면 육체를 고통스럽게 하여 정신에 고요한 평화를 주려고 했는지도 모른다. 그렇게 을지로의 한 시장 골목으로 들어가 낯선 일을 했다. 출판에 등을 돌리고, 출판에서의 모든 관계를 단절한 채 스스로를 거친 환경으로 내던졌다. 이전의 자학보다 훨씬 힘겨웠고 외로웠으며 하루에도 수십 번씩 입술을 깨물어야 하는 멘탈 붕괴를 경험했다.

추락하는 것에는 날개가 있다고 했던가. 정확히 6개월이 지났다. 끝 모를 낙하가 둔탁한 충격과 함께 드디어 그쳤다. 바닥에 떨어진 것이다. 이전의 나는 없고 산산이 부서진 파편들이 나뒹굴었다. 이름만 대면 누구나 아는 대형 출판사에서 이사라는 직함을 갖고 활동했던 지난 날 필자의 모든 화려한 과거는 흔적도 없이 타작마당의 겨처럼 흩어졌다. 그러나 끝은 또 다른 시작이 되고, 바닥은 새로운 시작의 발판이 된다.

인생에서 바닥을 치는 경험은 두 가지 선택지를 남긴다. 자멸의 붕괴로 가느냐, 새로운 도약으로 가느냐. 필자는 후자를 선택했다. 자아가 붕괴되는 극한의 홀로서기였지만 어느새 부정은 긍정으로, 단절은 두터운 신뢰로, 극한 상황은 새로운 희망으로 돌아왔다. 새로운 발판 위에서 출판인의 보람을 되찾고 출판 코디네이터의 첫걸음을 기분 좋게 내딛게 되었던 것이다.

이처럼 자의로 선택하고 강행한 홀로서기는 항상 만족할만한 성과를 내왔다. 그런데 내 이름의 책 한권에서 마주한 홀로서기는 이전의 홀로서기와 그 차원을 달리했다. 홀로서기에 유독 강하다고 자부해온 필자로서도 살짝 당황스러울 정도의 생경함이었는데 전혀 자학하고 있지 않음에도 불구하고 진한 홀로서기가 시작되었던 것이다. 그동안의 자학적 홀로서기가 세상 속에서 오로지 나만을 위함이었다면, 이번 책 앞의 홀로서기는 세상과 더불어 나와 모두를 위함이었다.

결국 진정한 홀로서기는 싸움이 아닌 성찰이 필요했고, 거친 호흡과 땀이 아닌 차분한 되돌아봄이 필요했으며, 극한의 상황이 아닌 평온한 마음이 필요했던 것이다. 결국 그토록 오랫동안 책을 만들어왔음에도, 더욱이 출판 코디네이터로서 출판사의 입장이 아닌 저자의 입장에서 책을 진행한다고 자부했음에도 그동안 저자의 삶으로서 책을 온전히 바라보지 못했다는 반성을 하게 되었으며 필자도 처음 책을 진행하는 어느 저자처럼 초보라는 것을 겸허하게 받아들이는 계기가 되었다.

그렇게 나와의 마주함에서 시작된 홀로서기는 무엇보다 사고의 지평과 시야의 선명성을 가져다주었다. 또한 그동안 생각하지 못했던 출판 코디네이터로서의 역할을 보다 구체적으로 깨닫고 더욱 적극적으로 실천할 수 있는 뜻밖의 혜안을 얻게 되었다. 이 책이 출간될 즈음에는 필자의 혜안이 더 두텁고 깊어지리라 확신하며 이 책을 읽고 있는 예비 저자들에게 한걸음 가까이 다가가 내 이름의 책 한 권을 자유롭게 이야기하지 않을까 조심스레 희망해본다.

오늘도 나와 우리 모두의 책 한 권을 위하여! 아자아자 힘!!!

"당신 안에 미처 말하지 못한 스토리를 안고 살아가는 것보다
더 큰 고통은 없다."
—마야 안젤루—

내 이름의 책이
필요한 몇 가지 이유

내 이름의 책 한 권을 이야기하면서 여러 작가 중에 쉽게 떠오르는 작가가 있다. 바로 작가 이지성이다. 그는 『에이트』, 『리딩으로 리드하라』, 『생각하는 인문학』 등 수많은 베스트셀러를 보유한 국내 자기계발서 분야 최고의 작가다. 필자도 그렇지만 아마 이 글을 읽는 독자들 중에도 그의 책 한 권을 읽지 않았던 사람이 거의 없을 것이다. 저자로서 그만큼 우리나라 독자들에게 영향력을 행사한 이가 드물고, 베스트셀러 작가들 중에서도 특히 극성스런 팬덤을 몰고 다니는 것으로 유명한 그다. 최근에 유튜브로 독자들과 소통하면서 새로운 콘텐츠 영역을 개발하는 확장성도 보여주고 있다.

출판계에서 이지성 하면 선인세를 크게 받는 몇 안 되는 저자로 꼽히지만, 그가 한때 평범한 초등학교 교사였다는 사실을 알고 있는 이들은 거의 없다. 대학을 졸업하고 수도권의 초등학교에서 반 아이들에게 고전을 읽힐 정도로 책 읽기에 남다른 애정을 보였던 그는 대학과 군대 시절 수천 권의 고전을 읽었다는 전설이 내려오고 있다. 말 그대로 '전투적인 독서'를 실천한 셈이다. 그렇게 두텁게 쌓아올린 독서는 내 이름의 책 한 권에 대한 열정에 불을 붙이고 그 시기에 여러 권의 시집과 자기계발서 원고를 쓴다.

하지만 출판사의 문턱은 생각 외로 높았다. 여러 군데 출판사의 문을 두드리지만 거절당하기 일쑤였다. 개중에 가뭄에 콩 나듯 그의 원고를 받아준 출판사 한두 곳에서도 미미한 판매량 때문에 그의 자존감은 낮아질 대로 낮아졌다고 한다. 갈수록 『해리포터 시리즈』를 쓴 영국의 작가 조엔 K. 롤링을 흉내 내는 분들이 너무 많다. '나는 잘 될 거야', '내 원고는 특별하니까'라는 세뇌에 가까운 자기암시로 열심히 원고를 보내지만 현실적으로 이를 받아주는 출판사는 거의 없다. 필자 역시 출판사에 근무할 때를 생각하면 이런 원고들이 한 주에도 수십 편씩 들어온다. 하지만 차별된 기획과 특별한 전략 없이 자신의 원고를 들고 무작정 출판사의 문을 두드리는 것이 얼마나 허황된 일이며 성공 확률이 무척 낮은 헛수고인지 예비 저자는 아직 모른다.

어쨌든 다시 이야기로 돌아와서, 하루는 대학 동창이 취해서 그에게 전화를 걸었다고 한다. "너 너무 비참하다. 난 너를 존경하지만 13년 동안 글을 써도 안 됐으면 이젠 그만해야 하지 않겠니? 정신 좀 차려서 결혼도 하고 정상적으로 살면 좋겠다." 이 전화에 정신이 번쩍 들었던 이지성은 마지막이라는 생각으로 그의 첫 번째 베스트셀러 『여자라면 힐러리처럼』을 내놓는다. 이 책은 당시 시대 흐름을 타면서 공전의 히트를 기록한다. 이어 그가 이전에 썼던 『꿈꾸는 다락방』까지 함께 역주행을 하면서 스타 작가의 반열에 올라선다. 이후 그는 학교를 그만 두고 아예 전업작가로 나선다. 그리고 이후에 내놓는 그의 책은 줄줄이 베스트셀러가 되면서 소위 '인기작가'의 최상위에 자리하게 된다.

여기서 필자가 말하고 싶은 건 이지성의 성공이 하루아침에 일어난 꿈만 같은 기적이 아니라는 사실이다. 오늘날의 그가 있었던 건 작가가 되기로 마음먹었을 때 첫 3년 간 2천여 권의 책을 읽고 그중 150여 권을 필사하고 국내외 유명 작가의 자서전과 인터뷰를 수집했던 집요한 노력이 있었기 때문이다. 스스로 밝혔듯이, 시장에서 첫 반응이 왔을 때까지 이지성은 총 80여 곳의 출판사에서 거절을 당했다고 한다. 필자는 실패 없는 성공이 없다고 생각한다. 그 과정에서 이지성이 맹탕처럼 허송세월을 보냈다고는 생각하지 않는다. 그는 숱한 실패와 거절을 맛보면서 출판사의 입맛과 독자의 눈높이를 차츰 잡아갔을 것이다.

　서두를 필요는 없다. 내 이름의 책 한 권을 마음에 품고 있는 예비 저자라면, 무엇보다 마음속에 두 가지를 분명하게 정해야 한다. 첫 번째, 내가 책을 내려는 이유가 무엇인가? 두 번째, 내가 책을 통해 얻고자 하는 것이 무엇인가? 이 두 가지 물음에 대한 답을 가지고 있을 때 진정 내 이름의 책 한 권이라는 꿈에 가까이 다가갈 수 있을 것이다. 이번 장에서는 책이 가져다주는 유쾌한 변화와 이를 통해 자신의 삶이 어떻게 발전하는지에 대해 말하고자 한다.

스스로 되돌아보는
과거의 묵직한 발걸음

긴 목과 타원형 얼굴을 한 여인의 초상으로 유명한 이탈리아 화가 아메데오 모딜리아니. 그는 그림에 대한 열정 못지않게 불꽃같이 뜨거운 사랑을 나눈 것으로도 유명하다. 가난한 유대인 집안에서 태어난 모딜리아니는 33세가 되던 해 친구 집에 머물며 그림 작업을 할 때 19세의 미술학도인 잔 에뷔테른을 우연히 만나게 되며, 둘은 후회 없이 뜨겁게 사랑을 나눈다. 돈이 없어 모델을 구할 수도 없었던 모딜리아니는 연인이었던 에뷔테른을 앞에 두고 그림을 그렸다. 그런데 희한하게도 그가 그린 에뷔테른의 수많은 초상화에는 그녀의 눈동자가 없었다.

하루는 이를 기이하게 여긴 그녀가 물었다. "당신은 왜 눈동자를 그리지 않나요?" 모딜리아니는 그녀의 질문에 이렇게 대답한다. "내가 당신의 영혼을 알게 되면 그때 당신의 눈동자를 그리겠소." 실제로 모딜리아니가 에뷔테른을 처음 만났을 때 그는 그녀의 눈동자를 제대로 그리지 않았다고 한다. 차츰 눈동자와 흰자의 경계를 조금씩 표현하면서 그저 눈매만 그릴 뿐이었다. 마침내 그가 34세의 나이로

죽을 때가 되어서야 또렷하고 짙은 눈동자를 그려 넣게 되었다는데, 모딜리아니는 그녀의 눈동자 앞에서 왜 그리 많은 시간이 필요했을까?

흔히 눈은 영혼의 창이라고 한다. 영혼은 인간 내면에 숨어있는 고결한 정신이며 이는 보통 시선이나 안목, 세상을 바라보는 관점으로 드러난다. 내 이름의 책 한 권을 이야기하면서 뜬금없이 영혼은 무엇이고 눈은 무엇이냐고 반문할 수 있겠지만 필자는 자신보다 더 사랑했던 여인의 영혼을 탐구하듯 스스로 자신의 영혼을 알아가는 과정이 바로 책 한 권의 시작임을 말하고 싶다. 또한 상대를 알아가면서 그림 속의 눈동자를 그리듯, 나를 돌아보면서 스스로의 삶을 완성해가는 모습에서 비로소 내 이름의 책 한 권이 완성되는 게 아닐까 생각한다.

몇 해 전 가을날, 돌과 바람과 나무가 가득한 제주의 '생각하는 정원'에서 필자는 모딜리아니가 에뷔테른의 눈동자를 조심스레 그려 나가는 모습을 볼 수 있었다. 그 주인공은 '한국의 우공愚公' 또는 '제주의 미친놈(두루외)'이라는 별명을 가진 성범영 원장이다. 여유로웠던 도시생활을 벗어버리고 불모지에 가까웠던 제주도의 돌밭을 개간하여 세계적인 정원을 만들어낸 그다. 성 원장은 평생을 돌과 나무와 함께 하며 거친 돌밭 곶자왈을 '세계에서 가장 아름다운 정원'으로 탈바꿈시켰다. 그의 불요불굴의 정신은 옆 나라 중국의 중학교 교과서까지 수록되기도 했다. 우리나라보다는 중국과 일본, 유럽, 러시아 등에서 더 많이 알아주는 생각하는 정원은 분재와 나무라는 독특한 주제를 가지고 만 3천 평이 넘는 정원을 가득 채운 그의 노력과 열정으로 인하여 지금도 세계 각국에서 방문하는 관광객들을 매료시키고 있다.

필자가 처음 만남을 가졌을 당시, 성 원장은 이미 여러 출판사를 통해 세 권의 책을 출판한 상태였지만, 눈동자를 제대로 그리지 못한 모딜리아니처럼 마지막 화룡점정을 완성하지 못하고 있었다. 눈동자와 흰자의 경계는 그려놓았지만, 진한 눈동자는 아직 그리지 못한 모딜리아니와 같다고나 할까? 이제 마지막 남은 정원의 짙은 눈동자를 위하여 그는 새로운 출판을 염두에 두고 있었다. 얼마 전 그의 요청으로 제주를 다시 방문하여 마주한 자리에서 그는 이렇게 말했다. "정 코디가 나 좀 도와줘야 할 거 같은데." 함께 차를 마시며 담소를 나누던 성 원장은 필자에게 50년이 넘은 정원의 역사를 다양한 사진과 함께 몇 권의 책으로 집대성하고 싶다고 했다. 그러면서 먼저 출간했던 세 권의 책을 내밀었다. "책은 몇 권 냈지만 아쉬움이 남아서 말이야." 그의 이전 책들은 모두 생각하는 정원을 가꾸었던 과정과 분재에 대한 저자의 남다른 애정을 담고 있었지만, 성 원장 스스로 당신의 인생과 정원의 역사를 복기하면서 아직도 충분히 담아내지 못했다고 느끼던 중이었다. 더구나 정원의 가치와 의미를 보다 많은 사람들과 공유하여 세계적인 문화와 교육의 장으로서 두터운 자리매김을 하기 위해서는 무엇보다 영혼의 진한 눈동자가 그려진 정원의 역사책이 필요했던 것이다.

책을 낼 때의 감격과 보람과 가치는 저자의 신분으로 책을 내본 사람만이 느끼는 감정이다. 필자는 성 원장과 이야기를 나누며 소명과도 같은 작업 의뢰를 받았던 사실에서 그가 출판에 대해 얼마나 진지한 관심을 가지고 있는지 분명하게 느낄 수 있었다. 지금도 성 원장은 또 한 권의 뜨거운 책을 위해 나무와 대화하고 차가운 돌에 생명을 담으며 자신의 인생 전체를 묵직하게 되돌아보고 있다. 나는 그의 새로운 책은 정원의 모든 나무들이 싱그럽게 꽃을 피울 때쯤 그와 정원에게 찬란한 봄으로 다가오는 시작이 될 거라 믿는다. 또한 그의 책이 이전 생의 마침표가 아니라 새로운 삶의 이정표가 될 거라 믿고 있기에 그리 멀지 않은 시일 내에 만나게 될 그의 새로운 책은 에뷔테른의 짙은 눈동자처럼 눈부시게 아름다울 거라 확신한다.

어쩌면 독자들이 읽고 있는 이 책은 아직 미완의 눈동자일 수 있다. 하지만 출판 30여 년, 그중에서도 출판 코디네이터로서 5년여의 시간들을 되돌아보니 미완은 미완 자체로도 아름다울 수 있다는 긍정의 마음을 갖게 된다. 내 이름의 책 한 권을 염두에 두고 있는 당신이 자신만의 화폭에 눈을 그릴 수 있는 날이 오면 비로소 자신이 살아온 시간을 정리할 수 있을 것이다. 그때가 되면 당신의 책 한 권은 커다란 창문이 되어 스스로의 영혼을 들여다볼 수 있는 계기를 마련하게 될 것이다. 명심하라. 당신의 책은 언제나 당신의 지나온 발걸음부터 탐색하게 될 것임을, 그리고 그것이 당신에게 내 이름의 책 한 권이 필요한 첫 번째 이유라는 것을.

거울 앞에 선
현재의 냉철한 모습

　'인제는 돌아와 거울 앞에 선 내 누님 같이 생긴 꽃'(서정주, 『국화
옆에서』)도 아니고 새삼스레 거울 앞에 선 내 모습이라니…. 이 책의
목차를 구성하면서 제일 손발이 오그라드는 소제목이었다. 누군가에
게는 서정적으로 느껴질 법한 시구이지만, 한편으로 자신의 삶을 거
울 앞에서 마주하는 경험은 무척이나 쑥스러운 순간이기도 하다. 하
루에도 여러 차례 보는 거울, 거울에 비친 나를 보며 만족감과 희열을
느끼는 사람이 몇이나 될까?

　나이 마흔을 넘기면 자신의 얼굴에 책임을 져야 한다고들 하는데,
아침에 화장실 거울 속의 필자는 허구한 날 잠이 덜 깬 퀭한 시선으로
필자를 마주한다. 흰머리가 또 늘었군. 어느새 소복이 쌓인 서리마냥
귀 옆 부분부터 하얗게 샌 머리를 보며 청춘의 몰락과 지나간 세월을
한탄해본다. 거울 앞에서 이리저리 움직이며 희끗희끗한 수염과 불만
족스러운 뱃살도 들여다본다. 언제 이렇게 늙었지? 거울 앞에서 우리
는 앞뒤좌우로 자신을 살피며 수척해진 얼굴과 불만족스러운 몸매를
점검하고 흐트러진 옷매무새도 가다듬는다.

이처럼 거울은 현실을 점검하며 틀어지고 벗어난 부분을 바로잡는 기능을 갖는데 그 좋은 기능으로 언제나 외모만 마주했지 막상 자신의 존재를 들여다 볼 생각은 못했다. 아니 굳이 존재의 거울까지 필요하지 않았던 건 아닌가 싶다. 하지만 우리는 지금의 내 모습, 현재의 내 위치, 오늘의 내 상황을 제대로 점검하기 위하여 내면을 들여다볼 수 있는 존재의 거울이 반드시 필요하다. 그 존재의 거울이 바로 내 이름의 책 한 권이다. 열심히 살아온 당신의 현재 모습이 거울에 어떻게 나타나는지 궁금하다면 망설이지 말고 당신의 책 앞으로 나서기 바란다.

물론 내 이름의 책 한 권과 같은 내면의 거울은 매일의 일상 속 어디에서나 마주할 수도 있다. 많은 이들이 일기 또는 SNS 등의 방법으로 자신을 바라보고 있기 때문이다. 일기는 소극적이고, SNS는 자기만족적인 거울일 가능성이 높다. 물론 SNS에 올리는 사진 한 장이 자신에 관해 많은 것들을 이야기해 줄 수도 있으며, 때로는 조금 진지하게 정치적 이슈에 대한 입장을 올리기도 하며 자신의 성향과 세계관을 드러낼 수도 있다. 요즘에는 이런 글들을 '빅데이터'라는 이름으로 분류하여 상업적 용도나 여러 사회적 분야에서 다양하게 활용하고 있다. 이 모든 글들과 콘텐츠들도 모두 개별적으로는 내면의 거울 중 하나라고 할 수 있지만 책 한 권만큼 훨씬 적극적으로 자신을 반추하고 드러내는 거울은 없다. 아무리 훌륭한 소셜플랫폼이라 할지라도 활자화된 내 이름의 책 한 권이 갖는 위력을 대체할 수 없기 때문이다.

　필자의 경험 역시 마찬가지다. 처음 이 책을 기획할 때 필자의 이야기보다는 필자가 그간 만난 저자들의 이야기를 중심으로 내용을 채워나가려 했다. 저자들 모두 필자와 책을 진행하면서 내면의 거울을 마주하고 드라마틱하게 변화하는 과정을 옆에서 직접 보았기 때문이다. 하지만 무슨 이유에선지 작업에 진척이 없었다. 두서없는 온갖 잡다한 이야기들만 자판 위를 맴돌 뿐 써 놓은 글 중에서 어떤 내용도 선뜻 마음에 들지 않았다. 무슨 문제일까? 낭패였다. 많은 저자들의 책 한 권을 도와주던 필자가 정작 자신의 책을 쓰면서 이렇게 헤매고 있다니….

　그러던 어느 날, 텅 빈 검은 노트북 화면에서 필자의 모습이 갑자기 보이기 시작했다. 부팅하지 않은 노트북 화면이 마치 거울처럼 현재의 모습을 보여주었던 것이다. 순간 마냥 맴돌기만 했던 책의 내용과 필자의 역할, 책의 목적 등이 선명하게 그려졌다. 맞다! 내 이야기를 써야 한다! 그렇다. 필자가 채워야 할 것은 내가 만난 저자들이 아니라 그들과 함께 했던 필자 자신의 이야기였으며, 그러기 위해서는 그들이 그랬던 것처럼 필자 역시 거울 앞에 홀로 서야 했던 것이다.

놀라웠다. 가만히 생각해보니 내 이름의 책 한 권을 결심했을 때, 책의 방향과 목차를 구성했을 때, 그리고 책의 집필을 시작했을 때, 매 순간마다 필자는 책이라는 거울 앞에 섰고 그 거울은 항상 필자를 바로잡아주었다. 마치 '인제는 돌아와 거울 앞에 선 내 누님'처럼 따뜻하게 말이다. 이런 깨달음이 일어난 순간부터 원고는 나름 쉽게 진행되었다.

"과거를 지배하는 자는 미래를 지배하고, 현재를 지배하는 자는 과거를 지배한다."는 조지 오웰의 한마디가 새삼 되새겨진다. 더함도 덜함도 없이 현재의 모습을 냉철하게 바라볼 수 있는 자신만의 특별한 거울이 왜 필요한지는 분명해졌다. 이제 이 책을 읽는 여러분들에게 내 이름의 책 한 권은 현재를 지배하기 위한 또 하나의 방법일 수 있다는 걸 알려주고 싶다.

책을 진행하다 보면 많은 분들이 자신의 경험에 대한 확신이 지나친 경우를 보게 된다. "내가 지금까지 살면서 겪었던 일들을 쓰면 소설책 10권은 족히 될 거야." "남이 하지 못한 특별한 경험들이 너무 많아서 내가 책을 내면 10만 권은 팔릴 거야." 물론 이런 분들의 말이 그리 틀리지는 않을 것이다. 개중에는 정말 많은 사람들의 마음에 울림을 줄 수 있는 에피소드들도 있다. 하지만 많은 경험을 했다고 말하는 예비 저자들과 대화를 이어가다 보면, 대부분 한 권의 책으로 엮어

내기에는 독창성과 진정성이 부족한 경우가 적지 않다. 이런 콘텐츠는 시장에서 경쟁력을 확보하기 힘들다. 안타깝지만, 대부분 출간 즉시 창고로 들어가 먼지만 쌓이는 애물단지로 전락하고 만다.

왜 그럴까? 이유는 간단하다. 거울 앞에서 냉철하게 자기 모습을 바라보지 못했기 때문이다. 보통 자신이 남들은 겪지 못한 대단한 경험을 했다고 말하는 분들 중에는 강렬했던 자신의 경험에서 감정적으로 빠져 나오지 못하는 경우가 종종 있다. 그러다 보니 특정 경험에 대해 한 걸음 물러나 객관적인 시선으로 자신을 반추하지 못한다. 이렇게 되면 원고는 자신의 의도와 상관없이 엉뚱한 곳으로 흐른다. 감정적 우월감이나 지나친 성취감에 자기도 모르는 사이에 독자들을 가르치려 들게 된다. 이른바 꼰대가 되어 버린다. 내 이름의 책 한 권을 낼 때 가장 경계해야 할 자세다. 아무리 맞는 말이라도 꼰대가 하는 말을 듣고 싶어 하는 사람은 아무도 없기 때문이다.

하지만 동시에 경험과 너무 멀어진 글쓰기는 되레 현실성과 진정성을 잃을 수 있다. 감정 이입과 공감대를 형성할 수 있는 훈훈한 경험의 소재가 부족할 경우 자칫 자신의 이야기가 아닌 마치 남 이야기를 하는 것 같은 느낌을 주기 쉽다. 따라서 글을 쓸 때에는 자신의 경험을 거울 속에 비춰보되 너무 멀지도 않고 너무 가깝지도 않은 거리가 필요하다. 필자는 이를 두고 '냉정과 열정 사이'라고 종종 말한다.

좋은 글은 냉정과 열정 사이에 있을 때 나온다. 서로 멀어지지도 서로 섞이지도 않는 지혜로운 자세가 필요하다. 거울에서 너무 멀리 떨어져 있으면 전체가 보여서 좋긴 하지만 구체적인 디테일이 보이지 않게 된다. 거울에서 너무 가까이 서있으면 잡티까지 볼 수 있어 좋지만 전체적인 밸런스는 시야에서 사라지게 된다. 기억하자! 내 이름의 책 한 권은 냉정과 열정 사이의 거울이라는 걸.

새로운 도약을 위한
미래의 희망찬 날갯짓

나비효과! 나비의 단순한 날갯짓이 날씨를 변화시킨다는 이 말을 필자는 참 좋아한다. 그래서인지 중 고등학교 때에는 노트 맨 앞장에 '날자, 날자, 한번만 더 날아보자꾸나'라는 이상의 시를 적어놓곤 했었다. 남모르는 필자의 가슴 속에 작은 날갯짓으로 세상을 변화시키고 싶은 혁명가적 기질이 있었는지 모르겠지만 날개는 항상 간절함이었다. 아마도 그 간절함의 현실적 대안으로 책을 선택했고 그동안 수없이 많은 책을 만들어왔던 것은 아닐까?

출판코디네이터로서 저자와 함께 책을 만들다보면 항상 책 속에서 날개를 보게 되는데 이 날개는 매번 그 크기도, 파장도, 대상도 다르게 다가오지만 분명함이 하나 있다. 변화를 가져온다는 것. 필자는 매번 다가오는 새로운 저자의 새로운 변화에서 경이로움까지 느끼곤 하는데 최근까지 간과한 사실이 있었다. 날개의 크기와 파장과 대상이 다르고 그로 인하여 변화의 진폭도 다르지만 무엇보다 우선적으로 필요한 건 도약의 준비과정이다. 그렇다. 날기 위하여 날개는 필수이지만 날갯짓을 하기 위해서는 우선 땅을 박차야 하는 다리가 필요한 것이다. 내 이름의 책 한 권을 꿈꾸는 건 좋으나 꿈은 당신의 치열한 삶을 전제로 함을 명심하기 바란다.

필자와 책을 진행한 모든 저자는 치열했다. 그 분야와 살아온 색채가 다를 뿐 모두가 자신만의 굳건한 날개가 있었다. 그들의 화려한 날갯짓 덕분에 필자는 여러 분야에서 다양한 지식과 풍부한 간접 경험을 체득하는 행운까지 누리다 보니 주변의 작은 것들에서도 개별 저자의 기억을 떠올리게 한다. 예를 들면 동네 산책을 하다가 혹은 TV를 보다가 반려동물을 만나게 되면 언제나 강하게 떠오르는 저자가 있다. 바로 박효진 교수다.

그녀는 일찍이 중국으로 유학을 떠나 항공승무원과 통역사, 여행사 운영 등 다양한 경력을 가진 커리어우먼이었다. 중국에서 한류 붐이 일었을 때에는 한국식당을 여러 지역에 운영하며 돈도 상당히 벌었다고 하니 대단하다는 말밖에 다른 표현이 없을 정도다. 그러던 어느날 중국에서 TV를 시청하는데, 우연히 동물과 관련된 다큐멘터리를 보게 된다. 무슨 이유에선지 그 다큐를 보고 그녀는 펑펑 울었다고 한다. "이기적인 인간 때문에 고통 받는 동물들의 현실을 보고 뭔가 해야겠다는 사명감이 생겼어요." 그녀는 그때 중국에 있던 모든 사업체를 정리하고 한국으로 돌아왔다. 다큐 하나가 나비의 날개가 되어 그녀의 인생을 송두리째 바꿔놓은 셈이다.

그녀는 귀국하여 늦은 나이임에도 대학에 들어가 새롭게 동물학을 전공한다. 단순히 동물을 좋아했던 과거에 머물지 않고 동물을 위해 새로운 일을 해보고 싶어서였다. 이후 애견학교에서 전문 훈련사로 활동하며 밑바닥부터 하나씩 일을 배워나갔다. 중국에서 잘 나가던 사업가가 유기견들의 대소변을 치우며 훈련소 곳곳을 청소하는 애견센터 직원이 된 것이다. 그녀의 도전은 거기서 멈추지 않았다. 반려견의 문제행동이 보호자의 양육 태도와 밀접한 관계가 있다는 사실을 뼈저리게 느끼고는 다시 대학원에 들어가 본격적으로 심리학까지 공부한다.

동시에 그녀는 미국으로 날아가 반려견 행동교정 분야에서 전 세계적으로 권위를 인정받고 있는 카렌프라이어아카데미에서 클리커 트레이닝 전문가 과정까지 이수한다. 필자가 그녀를 처음 만났을 때 이미 박 교수는 반려견 분야에서 전문가가 되어 있었다. 반려견 훈련과 트레이닝, 펫시터와 도그워커 관련 강의를 위해 대학 강단과 지자체 및 각종 교육기관을 누비며 하루 24시간이 모자를 정도였다. 하지만 그녀에게 절실하게 필요한 무언가가 아직 남아 있었다. 바로 반려동물에 관한 책이다. 인간과 동물, 문제행동 예방과 행동 수정, 동물복지와 생명 존중의 가치에 대해 열정적으로 강의하는 와중에도 언제부턴가 자신만의 배움과 경험을 바탕으로 보다 반려동물에 가까이 다가갈 수 있는 책 한 권에 대한 갈증을 발견한다.

모딜리아니가 초상화에 눈동자를 그리지 못하고 있던 셈이다. 필자를 처음 만났을 때 활짝 웃으며 당시 그 갈증에 대해 말하던 그녀는 그 이후로 작업을 함께 진행하여 그녀 이름의 책 한 권을 출간하게 됐다. 자세한 과정들에 대해서는 뒤에서 다시 설명하겠지만 필자와 함께 작업한 이 책은 그녀에게 새로운 날개를 달아주었다. 그녀는 코로나로 누구나 힘들어하던 동안에도 끄떡없이 책을 보고 연락해오는 외부 일정들을 소화하느라 바쁜 나날을 보내고 있다.

책이 출간되었고 책을 통한 작은 소임도 해내었지만 그녀는 여기에서 그칠 생각이 없는 거 같다. 최근 사회적으로 반려동물에 대한 관심과 제반 산업 및 기본 여건은 급성장하였지만 상대적으로 반려동물에 대한 정확한 인식과 교육적 자료의 부족함을 안타깝게 생각하고 있었기 때문에 이와 관련된 전문 교재를 여러 권 출간할 계획을 가지고 있다. 이렇듯 내 이름의 책 한 권으로 그녀는 더욱 변화, 발전하고 있었다. 이전보다 훨씬 일도 많아졌고 강의도 많아졌다. 하지만 더 중요한 건 그녀의 책을 출간하며 얻은 스스로의 보람과 자신감일 것이다.

필자는 이를 선순환 사이클virtuous cycle이라 부르고 싶다. 책이 자신의 전문분야에 대한 이해를 올리고, 그렇게 올라간 전문분야는 다시 스스로의 가치를 높이고, 또 그렇게 올라간 무형의 가치는 다시 책 출간으로 이어지는 선순환 말이다. 자신의 책이 자신에게 긍정의 에너지를 주고 그 에너지가 쌓이면 결국 자신이 하는 일도 잘 풀리고 좋은 성과를 내게 된다.

　박 교수는 필자와 책 한 권을 진행한 뒤 깊은 만족감을 드러냈고, 그녀의 책은 한때 온라인서점에서 취미 생활 분야 상위권에 오래 머무르며 독자와 함께하기도 했다. 이렇듯 그녀의 책 한 권은 단순히 판매 지표로 다 설명할 수 없는 커다란 성취감을 주었고, 그녀의 강의에도 무한긍정의 에너지를 주었다. 이는 그녀 스스로 책이 자신의 새로운 도약이기도 하지만 인간과 동물이 함께 행복하기 위한 미래의 희망찬 날갯짓임을 알았기에 치열함의 과정에서 그 어떤 두려움도 없었던 것이라 생각된다.

어제와 오늘, 그리고
내일의 만남

　역사학자 카E. H. Carr는 그의 저서『역사란 무엇인가』에서 이렇게 말했다. 역사란 과거와 현재의 끊임없는 대화라고…. 살면서 우리는 자신의 과거와 현재의 대화를 시도해 본적이 몇 번이나 있을까? 어제와 오늘, 그리고 내일의 시간 속에서 바쁜 일상을 위로하고 지친 피로를 보듬으며 반복되는 내일을 준비할 뿐 잠시라도 스스로의 역사와 대화를 나누는 시간을 가져보지 못했을 것이다. 필자 역시 마찬가지다. 자신의 삶을 미시적微視的 역사로 인식하지 못했기 때문에 어제와 오늘과 내일은 언제나 서로 따로 놀았다.

　이러한 사실을 깨닫게 해 준 계기는 바로 이 책을 쓰면서부터다. 과거는 역사다. 세상의 빛을 처음 본 순간부터, 특히 성인이 되어 본격적으로 자신의 판단과 결정으로 자신만의 삶을 구축해 온 순간부터 그 모든 과거의 시간들은 부정할 수 없는 자신의 역사다. 서로 다른 삶의 모습들이 모여 인류의 통시적通時的 역사가 되는 것이기 때문에, 각자가 지닌 조그마한 삶의 궤적도 나름의 의미와 가치를 지닐 수밖에 없다. 추억과 역사는 다르다. 지나온 파란만장한 시간을 단순히 추억으로만 받아들이면 입가에 미소를 띠우는 기억에 머문다. 반면 지나온 시간을 역사로 인식하면 내일을 밝혀주는 등불이 될 수 있지 않겠는가.

내 이름의 책 한 권은 추억을 역사로 만들어주는 마법의 주문과 같다. 추억이 정지한 스냅샷snapshot과 같다면, 역사는 흐르는 동영상 스트리밍streaming과 같다. 추억은 모든 장면이 따로 멈추어 있어 에너지가 필요 없지만, 이를 한 편의 영상으로 만들려면 역동적인 에너지가 필요하다. 결국 자신의 삶이 추억에서 역사로 변모하기 위해서는 어제와 오늘, 그리고 내일이 만나야 하지 않겠는가? 치열하게 살아온 당신은 이제 내 이름의 책 한 권을 사이에 두고 모두 만나서 서로 부둥켜안고 격하게 대화하기를 바란다. 더불어 미래의 등불까지 밝히기를….

필자가 만난 저자들은 자신의 책을 통해 추억을 역사로 탈바꿈시켰다. 그저 개인의 소장품으로 기억되거나 낡은 사진첩의 흑백사진으로 남았을 기록들이 내 이름의 책 한 권을 만나면서 비로소 저자들은 후대에 남을 이야기를 쓰고 시간 속에 영원히 박제될 역사를 남겼다. 필자 역시 내 이름의 책 한 권 앞에서 출판 경력 30여 년을 비로소 역사로 재구성하고 있다. 이전까지 알 수 없었던 벅찬 희열이 느껴진다. 처음에는 과거에 짓눌린 기억으로부터 벗어나기 힘들었다. 과거가 자부심보다는 자괴감으로 다가왔기에 필자의 이야기를 한다는 것에 마냥 소심해지고 두려웠던 게 사실이었다. 다행히 현재의 출판 코디네이터가 과거의 시간을 값진 경험이라 추켜세우면서 어제와 오늘의 대화를 이어주었고 가까운 과거에 만났던 여러 저자들의 책도 필자를 응원해주었다. 한번 시작된 대화는 마치 봇물 터지듯 숨은 재미와 쏠쏠한 감동을 자아낸다.

내 이름의 책 한 권은 미래의 청사진도 그릴 수 있게 해주었다. 정말이지 책 한 권이 내일의 만남까지 이어줄 줄은 미처 예견하지 못했다. 필자에게 내일의 만남은 이 책의 출간으로 인한 예비 저자들과의 만남이며, 나아가 여러분의 역사를 담은 새로운 책들과의 만남이기도 하다. 책 한 권으로 과거의 나와 오늘의 나, 그리고 내일의 나는 이제 따로 놀지 않는다. 그들은 서로 위로하고 격려하며 자그마한 역사를 남기기 위해 함께 하고 있다. 이 책에 담긴 필자의 작은 경험들이 예비 저자 모두에게 희망 가득한 모습으로 다가가기를 염원한다. 또한 어제와 오늘, 그리고 내일의 만남이 서둘러 이루어지기를 응원한다. 여러분의 삶은 그 자체로 특별한 역사이고 그 역사는 내 이름의 책 한 권으로 영원히 시간 속에 살아 숨 쉬어야 하기에.

삶의 특별한 결과물을 지켜주는
저작권 보호

호랑이는 죽어서 가죽을 남기고, 사람은 죽어서 이름을 남긴다는 옛말이 있다. 굳이 이름을 남기는 유명인까지는 아니라도 표지에 내 이름이 적힌 책 한 권 남길 이유와 명분이 없는 사람은 이 세상에 단 한 사람도 없다. 호랑이는 포수에게 잡혀 자신의 의지와 상관없이 가죽이 벗겨지지만, 사람은 자발적으로 자신의 이야기가 담긴 책 한 권을 탄생시키기 때문이다. 내 이름의 책 한 권 앞에서 어렵게 성사된 어제와 오늘, 그리고 내일의 만남은 글로 기록되지 않는 한 곧바로 소멸될 가능성이 높다. 기록된다 해도 남들과 다른 여러분만의 가치와 의미를 제대로 보호하지 못한다면, 그 기록 역시 자칫 아무도 없는 대나무 숲에서의 공허한 외침으로 끝날 수 있다.

모든 저자 개개인의 작은 역사는 나름의 존재 이유와 가치를 지닌다. 그래서 표절과 도용으로부터 보호를 받아야 한다. 특히 어떤 저자는 자신의 철학과 이론과 체계의 독특함으로 인하여 그 차별성에 대한 선점과 보호가 더더욱 절실하게 느껴지는 경우가 있다. 이러한 경우 내 이름의 책 한 권은 아주 훌륭한 대안이 된다. ISBN 번호를 부여

받아 공식적으로 출판된 모든 책은 저작권 보호를 받을 수 있다는 것을 저자에게 자세히 알려드리고 그 책을 통하여 세상에 공표할 수 있도록 책의 내용을 더욱 꼼꼼히 다듬어 가도록 유도하기도 한다. 이처럼 필자는 세상에 작은 이름을 남기려는 저자에서부터 자신의 글이나 콘텐츠가 보호받아야 할 필요가 있다고 느끼는 저작권자에 이르기까지 다양한 목적의 출판을 수행하고 대행해왔다.

예비 저자와 미팅을 진행하다 보면 의외로 저작권을 무시하는 이들과 저작권에 무지한 이들이 많다. 남의 책을 이리저리 마구 베껴놓은 원고를 자신의 글이라고 가져오는 이들이 있는데 책을 만들어왔던 오랜 경험을 토대로 이런 저자는 처음 책을 내는 경우보다는 이미 한두 권 책을 냈던 경력이 있는 경우에 더 빈번하게 발생한다. 아무래도 책을 출간하는 데에서 즐거움을 느낀 저자가 본인이 쓰고 싶은 주제와 관련된 시중의 책들을 섭렵하면서 여기저기서 조금씩 가져오는 행태를 보이는 것 같다. 이미 내가 가진 콘텐츠는 다 떨어졌고, 책은 내고 싶으니 가볍게 베끼는 것이다.

물론 시중에 나온 유사한 주제의 책들을 참고하는 건 좋다. 관련된 책들을 모니터링 할 수 있으면 자신이 구상한 책의 방향도 그에 맞춰 참고할 수 있기 때문이다. 하지만 저자가 자료들을 완전히 소화해서 자신의 언어로 새롭게 정리하는 것과 주변의 책들을 요리조리 가져오는 것하고는 전혀 다르다. 최근에는 아예 본문을 통째로 긁어서 자신의 원고 한 부분을 채워가지고 온 저자도 있었다. 이거 어디서 많이 본 것 같다고 물었더니, 인터넷에서 떠돌아다니는 글이라며 괜찮다고 도리어 필자를 안심시켰다. 그분은 모 대학 교수로 자신이 전공하는 분야의 책을 내려고 필자를 찾았다. "출처가 불분명한 글을 이렇게 아무렇게 가지고 오시면 안 됩니다." 필자는 저작권과 관련된 사항을 잘 설명하고 무모한 저자의 표절 행위를 단념시켜야 했다.

분명 이런 행태는 범죄다. 물건을 훔치는 건 절도로 간주하면서도 글을 훔치는 데에는 조금 관용적인 것 같다. '에이, 글 좀 베꼈다고 너무 몰아붙이는 거 아냐?' '그렇게 따지면 하늘 아래 새 것이 어디 있어?' 하지만 엄연히 시대가 바뀌었다. 출판계뿐만 아니라 사회적으로도 표절과 관련된 문제는 이전보다 매우 엄격해졌다. 우리는 표절 때문에 최근 공개적으로 곤욕을 치른 몇몇 연예인들을 알고 있다. 과거 학자나 정치가에게나 해당하던 문제가 이제 공인이라는 차원에서 연예인들에게까지 그 범위가 확대된 셈이다. 그들은 과거에 관행이었다고, 걸린 사람만 재수 없다고 말하지만, 콘텐츠를 창작하고 이를 통해 수익을 창출하는 직종의 사람들에게 저작권은 꼭 한두 번씩 발목을 잡는 저승사자와 같다.

내 이름의 책 한 권을 갖고 싶은 예비 저자들 역시 출간과 함께 사회에 공적으로 첫발을 내딛기 때문에 저작권과 표절 문제의 심각성을 먼저 고민해야 한다. 내가 가져온 원고에서 과연 어디까지 내 이야기고 어디부터 남 이야기인지는 본인만 알고 있을 것이다. 말해주지 않으면 코디네이터나 출판사는 알 길이 없다. 이 문제에 대해 정확하게 밝히지 않은 결과는 고스란히 본인의 몫으로 돌아가게 된다. 내 이름으로 책을 내는 마당에 이름에 먹칠을 하는 일은 스스로 삼가야 한다.

반면 내 이름의 책 한 권은 새로운 저작권의 영역으로 진입하는 사다리가 되어주기도 한다. 성우 김나연 대표가 그랬다. 그녀의 이야기는 다음 장에서 다시 다루겠지만, 출판이 아니었다면 오랜 경험과 다양한 훈련으로 체득한 그녀만의 독특한 결과물이 그대로 묻혀버렸을지 모른다. 세상엔 얼마나 많은 평범한 사람들의 소중한 역사가 그렇게 이름 없이 사라졌던가. 현직에서 활발하게 활동해온 수십 년의 전문성이나 달인의 경지에 가까운 독자적인 내공도 책이라는 매체를 통해 활자화되지 못하면 신기루처럼 망각 속에 속절없이 사라지고 마는 운명을 지녔다. 아무리 위대한 업적과 화려한 추억도 몇몇 주변인들의 기억 속에 잠시 머물다 미처 한 세대도 지나지 않아 무無로 돌아간다. 그렇게 인간의 모든 기억은 휘발성이 있다.

성우 김나연은 자신이 체득한 호흡과 발성의 방법이 소극적으로 활용되는 걸 안타까워했다. 그녀는 과감하게 자신의 이야기를 책으로 엮어볼 결심으로 필자와 만나 구체적인 출판 계획을 잡았다. 수개월 뒤, 그녀의 이야기가 책이라는 매체를 통하여 세상에 처음 알려졌다. 더불어 그녀가 창시한 '보이스스타일링'이라는 용어와 개념 역시 출판과 함께 저자가 선점하는 결과를 가져왔다. 지금은 현장에서 낯설지 않게 되어버린 보이스스타일링이라는 개념이 저자 김나연의 전유물이 되면서 그녀의 성우 역사가 새롭게 조명되었고 그녀의 목소리 관련 비즈니스 역시 날개를 달았다. 지금도 그녀는 스피치의 스킬에 익숙해진 사람들에게 호흡과 발성의 새로운 개념인 보이스스타일링을 소개하며 당당하게 세상과 호흡하고 있다.

저작물에 대한 저자 혹은 대리인의 권리라는 사전적 의미의 저작권은 위의 사례처럼 여러분의 권리이며 자신의 가치에 대한 증명이다. 자칫 대나무 숲의 공허함으로 소멸될 뻔 했던 당신의 이야기는 저작권료라는 경제적 가치 창출 여하를 떠나서 책의 출간과 동시에 시장을 선점하고 무형의 가치를 구현하는 도구가 된다. 더불어 영원히 살아 숨쉬기 위한 첫 호흡이 시작되고 누구도 함부로 차용할 수 없는 최소한의 보호막을 마련할 수 있게 된다.

콘텐츠가 자산이 되는 세상에서 이미 모든 것은 콘텐츠로 재생산되고 있다. 여러분들의 이야기 역시 남들의 이야기와 다르다는 이유 하나만으로 이미 훌륭한 콘텐츠로서의 자격을 갖춘 셈이다. 그렇기에 내 이름의 책 한 권이 없다면 오랜 시간 힘겹게 축척해온 당신의 역사가 어느 순간 누군가에게 도용당할 수도 있는 위험이 있다. 책은 이러한 상황을 차단해주는 백신의 기능을 내포하고 있는 것이다.

　내 이름의 책 한 권이 가져다주는 매력은 이처럼 강력하다. 당신의 지난한 과거를 가치 있게 되살려주고 당신의 열정적인 오늘을 격려하면서 희망 가득한 미래를 세밀하게 계획해주기도 한다. 심지어 내 이름의 책 한 권은 이 모든 콘텐츠를 당신만의 권리로 보장해주기까지 할 것이다. 어떠한가? 이제 더 이상 주저할 이유는 없지 않은가? 부디 이 책을 덮기 전에 여러분의 책이 펼쳐지는 행복한 상상을 마음껏 누려보기 바란다.

"당신이 작가가 되고 싶다면, 다른 모든 것보다 두 가지 일을 반드시 해야 한다.
그건 무조건 많이 읽고 많이 쓰는 것이다."
-스티븐 킹-

누구나 가질 수 있지만
아무나 가질 수 없는 저자의 자격

내 이름의 책 한 권을 거론하면서 또 다른 한 명의 저자가 번뜩 떠오른다. 현직 광고업계 전문 카피라이터로 우연한 기회에 『책은 도끼다』 시리즈를 내서 일약 베스트셀러 작가가 된 박웅현이 바로 그다. 그는 대학에서 신문방송학과를 졸업하고 모 대기업에서 광고 기획을 시작한 전문가로 '그녀의 자전거가 내 가슴 속으로 들어왔다', '나이는 숫자에 불과하다'와 같은 전설적인 광고 카피를 짠 것으로 잘 알려져 있다. 그런데 필자에게 그는 정작 『책은 도끼다』라는 책을 쓴 작가로 먼저 기억된다.

얼마 전 모 매체에서 그가 인터뷰한 내용을 읽었다. "창의성은 모든 사람이 보는 것을 보고, 아무도 생각하지 않은 것을 생각하는 일이다. 남들과 똑같은 나무를 보고도 감탄할 수 있는지, 같은 음악을 들으면서 소름 돋을 수 있는지가 기본이다. 남들이 하지 못하는 생각이나 창의적인 일을 하려면 '울림판'이 커야 한다. 카잔차키스가 말했던 '온몸이 촉수인 동물'이 되려고 해야 한다. 인문학적 감수성을 키우고, 많이 울고 웃고 보고 듣고, 하루를 충실히 살아야 한다."

박웅현은 내 이름의 책 한 권으로 소위 대박 난 대표적인 사례로 꼽을 수 있다. 그의 책『책은 도끼다』가 없었다면, 우리가 그를 어떻게 알 수 있었겠는가? 입시를 앞둔 딸에게 논술 선생을 자처하며 이야기 식으로 풀어쓴『책은 도끼다』는 당시 출간과 함께 인문학 열풍을 타고 무섭게 팔려나갔다. 아마 박 작가 스스로 자신의 책이 그토록 시장에서 반응이 좋을지 몰랐을 것이다. 그는 여세를 몰아 전작의 후속편인『다시, 책은 도끼다』를 내놓았다. 전작의 후광을 입어 후속작도 대단한 판매를 기록했다는 후문이다.

그가 과연 내 이름의 책 한 권으로 얻은 이익은 무엇일까? 그는『책은 도끼다』를 통해 적지 않은 수입을 거뒀을 게 분명하다. 하지만 책이 판매되면서 그간 벌어들인 인세는 차치하고라도 출판을 통해 박웅현이라는 이름 석 자가 대중에게 각인된 효과는 아마 단순한 수치로 환산할 수 없는 막대한 무형의 가치를 갖고 있을 것이다. 그가 자신만의 광고기획사를 차리고 지금까지 업계에서 롱런할 수 있었던 배경에는 앞서 말한 『책은 도끼다』가 긍정적인 선순환 사이클에서 빠질 수 없는 한 축이 되었을 게 분명하다.

그런데 책은 어떻게 도끼가 되었고 그는 어떻게 저자가 되었는가? 놀랍게도 그 비결은 의외로 간단하고 명쾌했다. 그는 말했다. 창의력의 전장인 광고계에서 30여 년간 광고를 만들 수 있었던 바탕에는 인문학이 있었고, 그 중심에는 '책'이 있었다고. 또한 그 책들은 그의 얼어붙은 감성을 깨트리고 잠자던 세포를 깨우는 도끼였으며 도끼 자국들은 그의 머릿속에 선명한 흔적을 남겼다고. 그랬다. 치열함이었다. 내 이름의 책 한 권을 갖기 위해서는 무엇보다 도끼처럼 강렬한 자신만의 뜨거운 삶이 있어야 한다. 저자는 누구나 될 수 있지만 아무나 되는 건 절대 아니다.

나무와 대화하는
정원 청소부

　제주 한경면 녹차분재로 675에는 매일 새벽 빗자루를 들고 나타나는 성자가 된 청소부가 있다. 그는 앞서 말한 세계에서 가장 아름다운 정원이라 불리는 생각하는 정원의 대표이다. 모딜리아니의 눈동자처럼 생각하는 정원의 마지막 눈동자를 그리고 있는 성범영 원장의 아들이기도 하다. 제주의 대표적 관광지인 생각하는 정원은 실제로 중국 교과서에도 실릴 만큼 우리나라에서보다 중국에서 더 인기가 높다. 제주도에서 한중 회담이 열릴 때면 언제나 생각하는 정원에 장쩌민, 후진타오 국가 주석뿐 아니라 중국사절단이 반드시 들르는 코스로 유명하다.

　필자가 처음 저자를 만났을 때 그는 아버지 성범영 원장의 그늘에 가려 자신의 존재감을 제대로 보여주지 못하고 있었다. 사람들에게는 '생각하는 정원' 하면 언제나 아버지 성 원장이 먼저 떠올랐다. 수십 년을 아버지 뒤에서 묵묵히 일하며 정원에 바친 땀방울과 노력이 있었지만, 왠지 어디에서도 인정받거나 보상받지 못하고 있다는 자괴감이 들 수도 있겠다고 생각했다. 하지만 혹시라도 아버지에게 누가 될

까봐 그러한 내색도 하지 못하는 효자이기도 했다. 그런 점에서 성주엽 대표는 매우 진중한 사람이었다. 목소리도 차분했고 자세도 단정했다.

막상 그를 만나 이런저런 대화를 나눠보니 철학자가 따로 없었다. 수십여 년 동안 돌과 바람과 나무와 함께 대화해온 수많은 시와 글들이 그의 가슴에 켜켜이 쌓여 있었다. 그는 필자에게 약간 상기된 얼굴로 자신의 원고를 스윽 내밀었다. "많이 부족하지만 오랫동안 써온 글입니다. 이제 세상에 내어놓아도 좋겠다는 생각이 들어 어렵지만 책으로 만들고 싶은데 가능하겠는지요?" 개인적으로 얼마나 어려운 결정을 내렸을지 상상이 갔다. 원고를 보니 중구난방이었다. 순서도 없었고 분류도 없는 날 것 그대로였으며, 어떤 글은 매우 진한 인상을 남길 정도로 깊이 있는 통찰력을 보여주었지만, 어떤 글은 아직 제대로 다듬어지지 않은 미숙함도 있었다. 선고를 기다리는 죄수처럼 필자의 답변을 기다리던 그는 필자에게 며칠 뒤에 다시 되물었다. "어떤가요?" 사실 그는 작가라기보다 철학자에 가까웠다. 솔직히 말해, 그의 글은 단순한 글 이전에 나무와 함께 한 그의 땀방울이자 숨결이었기에 필자로서는 감히 쉽게 평을 하기 버거웠다.

"글이 좋습니다. 충분히 가능할 거 같습니다." 필자의 말이 떨어지기 무섭게 얼굴에 화색이 도는 50대 후반의 그는 아이처럼 좋아했다.

"하지만 이대로는 조금 그렇고, 분류 후 조금 다듬어야 할 거 같습니다."그는 자신의 원고를 바탕으로 3권의 책을 부탁했다. 충분한 분량의 원고였고 글과 같이 자리할 정원의 사진들도 수백여 장 준비되어 있었기에 특별한 어려움은 없었다. 원래 그는 총 4권의 계획을 가지고 있었지만 4번째 책은 구상만 있고 아직 원고는 없다며 원장님의 회고록 이후에나 진행하겠다고 말했다. 당시에는 그 말의 깊은 의미를 잘 몰랐다. 하지만 나중에 생각해보니 효자였던 그의 마음이 이해되었다. 아버지 성범영 원장이 당시 세 권의 책을 출간한 상태였기에 자신이 아버지보다 책을 한 권이라도 더 낼 수는 없는 노릇이었을 것이다.

불가에서 전해지는 말 중에 '향을 싼 종이에서는 향내가 나고 생선을 싼 종이에서는 비린내가 난다.'는 말이 있다. 본격적으로 책을 진행하면서 필자는 그의 글들에서 정원 청소부이자 나무꾼의 지난했던 삶을 느낄 수 있었고 그가 꽃피운 수많은 분재들의 향기를 만끽할 수 있었다. 그의 글에는 항상 사계절의 변화와 자연의 섭리, 그리고 나무의 숭고함이 가득했다. 어떤 글은 마치 처음 밤하늘의 별을 보는 초등학생처럼 벅찬 감격과 환희가 느껴졌고, 다른 글은 도시화로 메말라가는 현대인들의 생태적 상상력에 묵직한 울림을 주는 진지함이 묻어났다.

필자는 그를 성자가 된 청소부라 부른다. 가장 겸손하고 낮은 자세로 묵묵히 소명을 수행하는 그의 모습에서 30년 전 필자가 처음 출판사에 출근하여 만난 책 '성자가 된 청소부'가 떠올랐기 때문이다. 나중에 친해지면서 알게 된 사실이지만 성 대표는 서울에서 태어나 자라고 서울에서 대학을 다니며 일문학을 공부했던 패기 가득했던 청년이었다. 그런 그가 20대 후반의 젊은 나이에 아버지의 부름을 거역하지 않고 제주도의 척박한 땅으로 내려가 아버지와 함께 묵묵히 돌을 옮기고 나무를 심고 분재를 가꾸었던 것이다. 무려 30년 동안….

  얼마나 힘겨웠을까, 얼마나 외로웠을까. 필자였다면 분명 탈출했으리라. 하지만 그는 나무와 함께했다. 그리고 피를 토하듯, 외로움을 달래듯, 깨달음을 복기하듯 글을 써왔고 마침내 『생각하는 나무이야기』, 『나무편지』, 『분재인문학』을 세상에 내놓았다. 이 3권의 책이 성 대표의 지난한 인생을 갑작스레 바꿔놓지는 않겠지만 최소한 스스로의 삶을 재조명하는 계기는 마련되었다고 생각한다. 책 출간 이후 그는 제주 MBC에 단독 출현하여 생각하는 정원의 과거와 현재, 나무와의 대화에서 깨달은 삶의 지혜를 보다 선명하게 소개하는 기회를 얻었으며 이후 다수의 신문과 잡지에 칼럼을 연재하면서 정원의 가치를 알리고 있다.

  성 대표는 지금도 필자에게 이렇게 말한다. 그때 책을 출간하지 못했으면 아마 영원히 출간하지 못했을 것 같다고, 30년을 3권의 책으로 담아냈더니 어깨가 많이 가벼워졌다고, 청소하며 맞이하는 정원의 새벽은 여전히 싱그럽다고. 필자는 제주문인협의 시인으로도 활동하고 있는 그에게서 그리 멀지 않은 시간 내에 나무의 신선한 가르침을 담은 네 번째 책을 기대하고 있다. 여러분도 제주에 가게 되면 꼭 생각하는 정원을 들러보기를 권한다. 거기에는 나무와 더불어 모딜리아니도, 성자가 된 청소부도 있다.

관계의 본질을 깨달은
보이스스타일러

　'말하기를 배운다.'라고 하면 당신은 무엇이 떠오르는가? 나이가 지긋한 분이라면 웅변을, 아직 젊은 친구들이라면 스피치 또는 프레젠테이션을 떠올릴 것이다. 그런데 지금 거론한 이런 것들은 말하기의 스킬일 뿐 본질은 아니라고 주장하는 사람이 있다. 심지어 우리는 '제대로 된 말하기'를 배운 적이 없다며 말에는 호흡이 담겨야 한다고 간절히 읊조리기도 한다. 그 사람은 목소리만 들으면 금방 알 수 있는 베테랑 성우 김나연이다. 그녀는 (주)레인보우보이스와 엔와이이엔엠의 대표로 있으면서 보이스스타일링센터도 직접 운영하고 있다.

　필자가 그녀를 만난 건 정말 행운이었다. 출판에서의 모든 관계를 단절한 후 출판에 등을 돌리고 6개월의 극한 홀로서기를 마무리할 즈음에 약간의 친분이 있던 한 방송 프로덕션의 황 대표로부터 연락이 왔다. 친한 성우 언니가 책을 진행하려고 하는데 도움이 필요하다는 것이었다. 필자는 망설였다. 6개월 동안 출판을 부정하면서 한 번도 출판을 그리워한 적이 없었지만 그 6개월의 끝자락에서 제일 먼저 다가온 것은 기이하게도 출판이었다. 운명이라고 받아들이기에는 그동안의 부정이 너무 컸으나 당시 딱히 다른 계획도 없었기에 우선 부담 없이 미팅에 임하기로 했다.

그녀를 만나기 전에 황 대표로부터 전반적인 상황을 전해들을 수 있었는데 당시 이미 기본적인 기획 방향과 목차 구성이 준비되어 있는 상태에서 향후 출판의 전체 진행 과정을 필자가 맡아 달라는 것이었다. 보통의 경우 이런 상황이라면 저자는 이 기획안을 가지고 여러 출판사의 문을 두드리는 것이 정석이다. 물론 초보 저자가 문을 두드린다 해서 출판사의 환대를 받을 가능성은 극히 미약하지만 말이다. 출판의 사정을 조금이라도 인지하고 있던 황 대표는 불확실한 수고스러움보다 확실한 대안을 그녀에게 제시했고 그렇게 성우 김나연과 필자가 만나게 되었다.

그녀와의 본격적인 작업에 앞서 필자는 스스로의 정체성을 되돌아보았다. 나는 누구인가? 출판사 소속도 아니고 프리랜서로서 출판의 부분 역할을 수행하는 기획자나 편집자, 또는 마케터도 아니다. 무엇보다 지금까지의 출판 경력은 철저히 출판사 입장에서의 역할이었는데 지금은 저자의 입장에서 출판의 모든 과정을 진행해야 한다. 이때 불현듯 스치는 생각이 있었다. 그래 발상의 전환을 가져보자. 그 동안의 출판 노하우를 저자의 위치에서 멀티플레이어의 역할로 풀어보자. 그렇게 필자는 새로운 접근으로 출판 일을 다시 시작했고 출판 코디네이터라는 막중한 역할의 명함을 스스로 만들 수 있었다.

새로운 역할은 새로운 지평을 열어간다. 이전에는 원고를 분석했다면 그때부터는 저자의 삶을 분석하고 이해했다. 이는 처음으로 책을 진행하는 그녀에게도 행운이었을 것이다. 만약 필자가 이전과 같은 접근과 풀이로 다가갔다면 그녀의 지나온 삶 전체에서 우러나오는 글들의 깊이를 제대로 헤아리지 못했을 가능성이 높다. 말하기에도 호흡이 필요하고 올바른 호흡을 위해서는 어린 아이의 호흡으로 돌아갈 필요가 있다는 그녀의 기본에서부터 동그라미 호흡과 포물선 대화에 담긴 그녀의 철학까지 자칫 허공에서의 허탈한 독백이 될 수도 있었다.

그녀가 잡아놓은 책의 기본적인 기획 방향과 목차 구성은 나름 안정되어 보였지만 한편으로는 무척 추상적으로 다가왔다. 굳이 묻거나 따지지 않고 그 원고로 책을 진행할 수도 있지만 코디네이터를 표방한 이상 그럴 수는 없는 것 아닌가. 이때부터 저자와 끊임없는 문답이 시작되었다. 그런데 문제는 기획방향과 목차에 있는 것이 아니었다. 원고의 부분 부분에서 풍겨오는 낯설음과 난해함이 저자 이해를 우선하고 있는 코디네이터에게까지 느껴졌다. 이는 그녀가 오랜 기간 성우로 활동하면서 호흡과 발성의 중요성에 이어 관계의 본질까지 확실하게 깨달았지만 아직 자신만의 이론적 체계 구축에는 미흡하여 타인과의 친절한 공유가 어려웠기 때문이다.

원고가 가독성이 좋으려면 무엇보다 명확한 개념 정의와 함께 원리에 대한 체계적 접근이 필요하다. 자신의 전문적인 이야기로 처음 글을 쓰는 저자들이 놓치는 부분이 바로 이 지점이다. 그녀 역시 성우로 수십 년 활동하며 인물에 소리와 음성을 입히는 작업을 했던 사람이라도 남이 써준 원고를 읽는 것과 자신이 직접 원고를 쓰는 건 전혀 다른 경험이었으리라. 다시 문답은 진행되었고 그녀는 누적된 훈련과 지식을 다시 재정리하며 자신만의 질서 있는 목소리로 원고를 완성해 나갔다. 이 과정에서 스스로 표방해왔던 동그라미 호흡과 포물선 대화의 내용이 보다 풍부해지고 철학적 가치와 본질이 선명해지는 것을 그녀 스스로 느끼고 있었다.

오랜 산고를 겪고 드디어 책이 출간되었다. 그녀의 책은 비단 목소리 관련 종사자들뿐 아니라 기존의 말하기 스킬에 경도된 일반 대중들에게도 무척 신선했다. 호흡과 발성으로 관계의 본질을 깨닫는다고? 비상하게 잔머리 굴리듯 세치 혀의 화려한 놀림이 우선시되는 현실에서 이 얼마나 추상적이며 비실용적인 목소리 철학이란 말인가? 하지만 김나연의 혁명과도 같은 과감한 외침은 질서정연하면서도 친절하게 설명된 책의 활자들을 통하여 그들의 의구심을 단번에 부실 수 있었다. 그리고 목소리에 대한 새로운 이정표도 세우게 되었다.

『말의 품격을 더하는 보이스스타일링』은 그녀가 창조시킨 그녀만의 전유물이지만 그 책은 그녀의 보이스스타일링을 재창조시키기도 했다. 나를 찾는 과정, 나를 표현하는 과정, 더불어 함께하는 과정, 나를 다듬는 과정, 나의 보이스 캐릭터 완성이라는 보이스스타일링의 다섯 단계는 '시작→진행→응용→병행→완성'의 교육 프로그램 기초를 확립했고 향후 아카데미의 근간이 되어 지금도 보이스스타일링의 수강생 곁에서 왕성하게 호흡하고 있다. 더 나아가 보이스스타일링은 자가발전을 통하여 이제 보이스디렉팅이라는 새로운 영역도 개척해 나가고 있다. 책 한 권으로 시작된 그녀의 작은 발걸음은 너무도 멋진 변화 발전을 거듭하며 지금도 부단히 진화하고 있다.

공동체적 가치를 공유하는
건축운동가

서울 도심의 한복판, 마포의 성미산 자락에는 그 옛날 시골 골목길에서나 들을 수 있었던 공동체 삶의 행복한 웃음소리가 가득하다. 소통이 있어 행복한 주택이라는 가치 하에 따뜻하게 자리 잡은 소행주 1호에서 6호까지와 성미산 학교, 성미산 마을극장, 이음아파트, 셰어하우스 하루한걸음, 성미산 어린이집과 되살림가게 등에서 피어오르는 웃음이다. 그 웃음 곁에는 언제나 건축운동가 류현수가 함께 있었다.

그는 필자와 홍익대 건축학과 동기로 80년대 중 후반 뜨겁게 어깨를 움켜잡았던 오랜 동지이다. 언제나 느리고 무던했던 친구였지만 참 한결같은 친구이기도 했다. 학생운동 이후 구로동 공장단지를 돌며 노동운동에 투신하다 옥고를 치르기도 했던 그가 이제는 우리나라 공동체건축의 1세대이면서 현재까지 지속적으로 가치를 만들어내는 건축운동가이자 마을 만들기 운동의 산증인이다. 그의 손을 거쳐 전국 곳곳에 세워진 공동체주택들에는 '우리나라 최초'라는 수식어가 항상 따라다닌다. 그렇기에 그를 이야기하려면 성미산 마을을 언급하지 않을 수 없다.

그의 공동체적 가치가 그려지는 소행주와 자담건설의 사무실도 성미산 마을에 있다. 그 곳에서 가끔 그를 만나 근처의 막걸리 집으로 향하곤 하는데 어느 날 문득 친구의 삶을 책으로 남겨야겠다는 생각이 들었다. 이 멋진 건축가의 삶과 인생의 가치를 보다 많은 사람들과 공유하려면 출판만한 매체가 따로 없다. 그래서 필자가 책을 준비해보자 권유했고 그 역시 흔쾌히 응했다. 당시 그는 충북대 대학원에서 뒤늦은 박사학위 논문을 준비하고 있었는데, 책을 먼저 낼 것인가 학위를 먼저 딸 것인가 잠시 고민하기도 했다. 논문은 언제라도 쓸 수 있지만, 책은 이번이 아니면 쉽지 않겠다 싶어 바로 대중적 출판에 우선순위를 주었던 것이다.

책을 준비하는 과정에서 산발적으로 흩어져 있던 그의 건축 결과물들의 세세한 기록들이 가치 있게 되살아나고 새롭게 정리되는 의외의 결과를 가져오기도 했다. 어떤 것들은 류 대표 본인도 놀라는 기록들이 사물함 구석에서 나왔다. 출판은 그에게 과거를 정리하고 새롭게 미래를 계획하는 쉼표와 같았지만 한편으로는 그동안 자신의 소중한 발걸음들을 너무 방치했다는 반성의 시작이기도 했다. 당시 그는 필자에게 여러 번 타박을 받곤 했다.

작업이 처음부터 용이했던 건 아니었다. 오랫동안 그와 알고 지냈지만 건축이 아닌 출판의 길을 걸어온 필자였기에 막상 그의 건축이야기를 기획하려니 갑자기 너무 어려워졌다. 누구보다 그를 잘 안다 생각했는데 친구인 필자조차도 그가 다듬어 온 가치의 세부적인 모습을 모르고 있었던 것이다. 우선 기본 자료들을 요청했고 그 자료를 바탕으로 퍼즐을 맞춰나갔다. 방대하고 산만하게 흩어졌던 그의 결과물들은 공동체적 가치라는 기준으로 일사분란하게 움직여 마침내 세밀한 소목차를 바탕으로 의미 있는 기획이 완성되었다.

그런데 문제는 이때부터 시작되었다. 당시 그는 몸이 열 개라도 모자를 정도로 바빴고, 특히 외부 출장이 잦아 사무실에 진득하게 앉아서 책을 집필할만한 처지가 아니었다. 더욱이 그는 태생적으로 느렸다. 오죽하면 20대 때 그의 별명이 거북이였을까. 이 친구뿐 아니라 이런 상황의 저자가 종종 있다. 이럴 때 저자는 난감해하고 코디네이터는 당황하게 된다. 하지만 필자는 프로 아닌가. 난관을 헤쳐 나가기 위해서는 무작정 저자를 재촉하기보다는 상황을 개선하는 쪽으로 이끌어 가는 게 바람직하다.

구상은 넘쳐나지만 정작 글로는 쏟아내지 못하는 경우, 시간에 쫓기며 글을 이어가지 못하는 경우, 글을 이어가도 수시로 지워버리며 처음으로 되돌아가는 경우에 필자는 이렇게 말한다. "조급해하지 말고 두려워하지 말고 완벽을 추구하지 말라." "시간이 없다는 건 핑계다." "조만간 두 손에 놓일 내 이름의 책 한 권을 생각하며 자신감을 가져라.""필자가 저자의 분야를 잘 모르듯 저자도 필자의 분야인 출판과 글을 잘 모르는 게 당연하다.""그리고 제안한다. "일단 쓰시라. 순간순간 떠오르는 아이디어와 생각들을 메모 수준의 번쇄한 글들이어도 좋으니 이미 작성된 기획서의 소목차에 따라 조금씩 채워나가시라.""거북이 류현수도 그렇게 느리지만 꾸준하게 자신의 건축사를 풀어나가기 시작했다.

그렇게 해서 오랜 시간의 노력으로 결국 2019년『마을을 품은 집, 공동체를 짓다』가 세상에 나왔다. 출판기념회는 본인이 건축한 성미산 마을의 극장에서 소행주 가족들을 비롯하여 공동체 건축에 관심을 가지고 있는 다양한 분야의 많은 사람들과 함께 그 가치와 의미를 다시금 공표하는 뜻깊은 자리가 되었다. 필자 역시 기념회에 참석하여 친구의 첫 책을 마음껏 축하해 주었다. 그도 막상 자신의 이름이 적힌 책이 나오자 감개무량해 하며 매우 만족스러워 했는데 그랬던 그가 요즘 필자만 만나면 투정을 부린다. 책이 자신을 너무 구속한다고, 책에서 건축운동가임을 표방한 이후 자신은 자신의 삶과 일에서 어떠한 일탈도 꿈 꿀 수 없게 되었다고 말이다. 공동체적 가치를 보다 폭넓게 공유한 그의 행복한 투정이다.

교육과 성장을 기록한
독서광 선생님

출판 코디네이터로 전업한 지 얼마나 지났을까? 하루는 독서 교육에 관심을 가진 전국 초중고 교사들을 회원으로 둔 '전국독서새물결모임'에서 출판 관련 강의 제안이 들어왔다. 필자는 책을 애호하고 독서를 사랑하는 모임이라면 그것이 꼭 출판 관련 강의가 아니더라도 종종 나가는 편이다. 그날의 강의는 모임의 선생님들 중에서 특히 출판에 관심이 많은 분들과의 자리였다. 그래서 사전에 몇몇 선생님의 집필 기획안을 미리 받아보았는데 기획안의 완성도 여부를 떠나 독서새물결모임의 선생님답게 학생들에게 효과적인 독서를 제시하기 위한 노력이 가득 담겨있었다. 그때 그 기획안들을 보면서 대한민국 교육의 미래가 매우 밝을 수 있다는 생각도 잠시 했다.

강의는 1부에서 출판에 대한 전반적인 이해, 2부에서 개별 기획안들에 대한 검토 및 조언으로 진행하였다. 교육과 독서, 그리고 출판에 대한 열의가 뜨거웠던 덕분에 필자도 무척 신명나게 강의했던 기억이 있다. 강의를 마치고 며칠 지나지 않아 당시 기획안을 제시했던 선생님 중에서 출판의 현실적 가능성이 가장 높다고 평가되었던 선생님으로부터 연락이 왔다. 그날 강의 말미에 시간적 제한으로 인하여 더 깊이 있는 개별 상담을 나누지는 못하니 혹시라도 추가 상담이 필요하신 분은 언제든 편하게 연락하시라 했었는데 그분이 자신의 책 진행과 관련하여 코디네이터의 도움을 요청하신 것이다.

선생님 이름은 오여진. 두 아이의 엄마면서 20년 동안 초등학교 교육 현장에서 직접 아이들을 열정적으로 가르쳐왔던 선생님이었다. 필자는 항상 그래왔듯이 왜 책을 내고자 하는지, 어떤 목적을 갖고 있는지 물어보았고 오 선생님은 천천히 자신의 이야기를 털어놓았다. 첫 아이를 낳고 보통의 초보 엄마처럼 잘 가르쳐야겠다는 지나친 교육열로 아이를 힘들게 하였으며 본인 스스로도 삶의 이정표가 흔들리는 과정을 겪으며 진정한 교육이 무엇인지, 엄마로서 아이에게 어떤 역할을 해주어야 하는지에 대한 고민이 많았다고 했다. 그녀는 그 답을 책에서 찾았고, 그때부터 책모임에 참석하기 시작하면서 독서가 아이의 인생에 길잡이가 되도록 여러 각도로 노력해왔다는 것이다.

그녀는 초기 기획안도 훌륭했지만 무엇보다 책에 담고자 하는 내용과 방향이 분명했기 때문에 코디네이터 역할은 큰 어려움 없이 시작되었다. 단지 선생님의 초기 기획안에서 독자들과의 공감을 담아내는 부분이 미흡했기에 목차를 재구성하는 작업이 필요했을 뿐이다. "소통이 중요합니다. 경험을 책으로 풀어내어 독자들에게 공감을 주어야 합니다." 자신에게는 다소 아픈 기억일지언정 철저히 그녀가 겪어온 경험과 시행착오를 바탕으로 책의 기획 방향과 세부 목차의 재조정을 제안할 수밖에 없었다. 그녀는 자신의 솔직한 이야기로 보다 많은 사람들에게 자녀교육에서 자신과 같은 실수를 줄이고 독서의 중요성을 전달할 수만 있다면 충분히 감내할 수 있다며 필자의 의견을 적극 반영해주었다.

방향은 정해졌다. 이제 고단한 집필의 시간이 그녀를 기다리고 있었다. 언제나 말하지만, 집필은 펜 끝이 아니라 엉덩이 끝으로 하는 것이다. 문장을 쓰기에 앞서 진득하게 앉아 있는 게 먼저다. 진득함이 어려우면 꾸준함이라도 있어야 한다. 첫 미팅을 가진 이후 약 7개월의 기간 동안, 오 선생님은 필자가 만난 그 어느 저자보다 열심히 원고를 집필했다. 수시로 진행 과정의 원고를 보내왔는데 초기 몇 번은 필자의 피드백이 필요했으나, 어느 순간부터는 그녀 스스로 원고의 중심과 방향을 정확히 파악하여 더 이상 피드백이 필요하지 않았다. 가끔은 그녀의 집필에 대한 열정에서 필자조차 놀라곤 했다. 순한 눈망울 속에 감춰진 선한 악바리 근성이 교육에 이어 내 이름의 책 한 권에서도 고스란히 드러난 셈이다.

원고가 완성되기 전에 필자는 언제나 출판사 접촉을 시작한다. 출판사 선정과 출판권 설정 계약이 쉽지만은 않다. 물론 코디네이터로서 이 정도의 기획안이면 출판 계약이 가능하겠다 싶은 경우에만 저자와의 출판 진행을 결정하지만, 필자의 판단 역시 주관적일 수 있으며 초기 기획안과 달리 원고의 내용이 빈약해질 수도 있기 때문에 출판사와의 계약 체결은 항상 어려운 관문으로 남는다. 그런데 이 책은 상대적으로 쉬웠다. 기획안을 검토한 몇몇 출판사에서 모두 긍정적인 관심을 보였고, 그중 한두 곳은 매우 적극적인 러브콜을 보내왔다. 그중에서 이 책의 철학과 접근에 가장 애착을 보인 출판사와 적절한 조건으로 계약을 체결했다.

드디어 편집과 디자인을 거쳐『책 읽는 아이의 놀라운 자존감』이라는 책이 완성되었다. 줄여서『책아 놀자』인데 중의적 의미를 지닌 이 제목은 기획 초기에 결정됐다. 책의 제목이 예쁘게 강조된 표지 디자인은 깔끔했다. 책은 선생님의 뜨거운 열정과 진솔한 경험이 담긴 채 아주 따뜻한 내용으로 출간되었으며, 출간 초기부터 반응도 좋았다. 물론 모든 책이 그렇듯 어느 정도의 우정 구매도 있었겠지만 척박한 독서 지도 분야에서 예상 외로 선전했다는 평가를 받았다. 시장을 뒤흔든 베스트셀러는 아니었지만, 자녀교육과 독서지도에 관심 있는 독자들의 가슴에 자리 잡기에는 충분했던 것 같다. 또한 독서새물결모임의 동료 선생님들과 함께하는 출판기념회에서도 그 책의 진솔함은 더욱 빛났으리라 생각한다. 책이 담고 있는 독서의 가치와 바른 교육의 방향, 성장의 이정표는 이후 수많은 독자들의 서평으로 재확

인되었다.

　오 선생님은 올해 교육 일선에서 떠나 교육청에서 근무하게 되었다고 한다. 교육 행정을 통해 조금 더 배우는 자세로 임하겠다는 포부를 전해왔다. 그리고 나누고 싶은 말이 가슴에 다시 가득해지면 그때 두 번째 책을 집필하겠노라는 계획도 필자에게 들려주었다. 그녀에게 책은 이제 참된 교육으로 다가가는 진솔한 발걸음의 하나인 셈이다. 이제 그녀의 새로운 독백이 기다려진다.

출판사에서 근무할 때보다 출판 코디네이터로 일을 할 때 저자와의 관계는 훨씬 밀접하다. 30년 출판경력에서 코디네이터의 시간은 이제 5년 정도이지만 그동안 참으로 다양한 저자를 만나왔다. 대부분 40대 이상으로 나름 자신의 분야에서 일정 정도의 성과를 이룬 능력자들이었다. 그런데 필자가 만난 저자 중에 가장 젊은 친구이면서 성과를 이루었다기보다 성과를 만들어가고 있는 친구가 있었다. 영화 비평에서 나름 두터운 마니아층 구독자를 보유하고 있는 30대의 루피형아가 그다.

처음 만났을 때 유튜브 구독자가 5만 명 전후였던 그는 영화 관계자들이 시사회에 단골로 모셔갈 정도로 인지도가 있는 파워블로거였다. 물론 지금 그의 위상은 그때보다 훨씬 대단하다. 수년 전부터 인기 유튜버가 출판계에서 저자군의 한 축을 담당하고 있던 현실은 익히 알고 있었지만, 솔직히 필자는 그를 전혀 알지 못했다. 유튜브라는 영상 매체를 주기적으로 모니터링하지 않는 필자의 무관심도 한몫했고, 그렇다고 남들처럼 인플루언서들을 나서서 발굴하거나 데뷔시키려는 사업적인 의도도 없었기 때문에 그를 알 수가 없었다.

　말이 나와서 하는 이야기지만, 요즘 출판계 근황을 보면 출판사들의 유튜버 모시기 경쟁이 그 어느 때보다 뜨거운 것 같다. 해당 분야에서 두터운 구독자 수를 확보한 유튜버라면 아주 자연스럽게 책을 출간하는 것 같다. 유튜브를 비롯한 팟캐스트, 팟빵, 블로그 등 대중과 교류하고 소통할 수 있는 매체가 다양해지면서 사람들은 여기에서 만난 이들을 다시 저자로 만나는 데에도 익숙해졌다. 유튜브는 아니었지만 아마 『지적 대화를 위한 넓고 얕은 지식』으로 유명해진 채사장의 경우가 이에 해당할 것이다. 팟캐스트로 먼저 이름을 알린 그는 『지대넓얕』으로 2015년 그야말로 출판계 초대박을 쳤다. 이후 같은 이름으로 시리즈를 냈고 최근에는 플랫폼을 만들어 지식소매상의 면모를 유감없이 보이고 있다. 이처럼 요즘엔 영상/음성 매체에서 활동하던 이들이 출판을 통해 보다 전문적인 활동을 이어가는 경우가 흔해졌다.

　루피형아 역시 그런 관점에서 접근했다고 볼 수 있다. 앞서 언급했던 성우 김나연의 두 번째 책과의 작은 인연으로 그녀의 출판기념회에서 그와 처음 안면을 트게 되었다. 이후 뒤풀이 자리에서 개인적으로 여러 이야기를 나누다가 그가 무척 진솔한 사람이라는 사실을 알게 되었다. 사는 동네도 가까워 개인적으로 몇 번 만나게 되었는데,

처음부터 출판에 많은 관심을 보였다. "저도 책을 내보고 싶어요." 아마 김나연의 출판기념회와 책을 보면서 자신도 이러한 책이 있으면 좋겠다는 생각을 했을 것이다. 그는 내 이름의 책 한 권에 아주 적극적인 의지를 표명하기 시작했다. 필자는 그가 책을 이야기 할 때마다 강하게 손사래를 쳤다. "넌 아직 일러. 좀 더 성과를 이룬 다음에 도전해도 늦지 않아."

아마 그는 마음속으로 필자를 이상하게 여겼을 것이다. 자신이 책을 내겠다는데 출판 전문가로서 도리어 뜯어말리니 말이다. "코디네이터가 직업이라면 하나라도 더 진행을 해야 좋은 거 아닌가?" 그런 그의 마음을 필자 역시 모르는 바 아니었다. 하지만 출판은 필자의 강권으로도 되지 않고 저자의 의지만 가지고도 되지 않는다. 출판의 이유와 목적, 저자의 능력과 상황, 기획의 차별과 안정 등이 서로 딱 맞아 떨어질 때 비로소 서점에서 독자와 만날 수 있는 게 책이다. 때로는 과감함도 필요하지만 언제나 그보다 중요한 건 사려 깊음이다.

30년 동안 책을 만지고 다듬으면서 필자를 스쳐 지나간 수많은 저자들이 있었다. 그들 중에는 책을 통해 큰 만족과 더불어 자신의 일에서도 시너지 효과를 낸 저자가 있었고, 결과물이 만족스럽지 않아 원하는 만큼 성과를 내지 못한 저자도 있었다. 왜 누구는 성공하고 누구는 실패했을까? 그 이유를 곰곰이 생각해보면, 출판의 가치와 의미에 대한 정확한 인지 여부에서 비롯되는 것 같다. 일부 저자는 책에 대해 잘못된 판타지를 가지고 있다. 책이 마치 도깨비 방망이라도 되는 양 책으로 얻게 될 자본주의적 결과물의 계산에 우선하곤 한다. 하지만 저자에게 있어 책의 성공은 수치의 결과가 아니라 진솔의 과정이라는 것을 분명히 하고 싶다.

　필자는 어쩌면 몇 번의 거절을 통하여 30대의 젊은 친구가 품고 있을 지도 모를 욕망의 거품을 거둬내려 했는지 모르겠다. 루피형아는 삼고초려를 했다. 그러면서 필자에게 투정처럼 자신의 의지를 이런저런 이야기들로 풀어냈다. 영화가 좋아 무작정 블로그를 시작할 때도, 그리고 뒤늦게 유튜브에 도전할 때도 매번 쉽지는 않았다고, 이번에 필자를 통해 우연히 출판에 대해 알게 되었지만 너무나 매력적으로

다가왔기에 조심스럽게 새로운 영역을 도전하고 싶다고 말이다.

오랫동안 준비해온 '영화장수 루피형아의 77가지 인생 영화(가제)'는 조만간 서점에서 만날 수 있다. 그의 신선한 도전은 블로그 방문자와 유튜브 구독자를 넘어 이제 책의 독자에게까지 다가가고 있다. 아직 젊은 나이지만 변화의 과정과 노력이 힘겨울수록 그 결과가 더욱 의미 있다는 것을 그는 지나온 짧은 삶에서 이미 터득하고 있었던 것이다. 그에게 진심으로 격려의 박수를 보낸다.

수만 건의 상담 내공을 가진
심리상담가

　내 이름의 책 한 권을 향한 욕망이 강할수록 그 욕망은 덫에 걸리거나 방향을 잃고 헤매는 경우가 많다. 출판의 길을 잘 모르고 있기 때문이기도 하지만 그 순수한 욕망을 이용하여 자신의 뱃속만을 채우려는 출판 기술자들이 의외로 많기 때문이다. 특히나 갈수록 어려워지는 출판 업계의 현실에서 일부 출판사 혹은 출판 관련업자들에게 닥친 생존의 절박함은 종종 사기 아닌 사기로 변모하기도 한다. 상황이 이러하기에 책을 염두에 있는 예비 저자라면 반드시 출판에 대한 기본적인 이해와 더불어 출판 과정에서의 많은 주의가 필요함을 명심하기 바란다.

　이처럼 내 이름의 책 한 권을 위한 저자의 자격이 충분함에도 출판의 이해 부족으로 안타까움을 가져왔던 이가 있었다. 과거에 자신이 직접 만들었던 책 한 권과 함께 몇 개의 자료를 가지고 필자와 만난 박수경 소장의 이야기다. 그녀는 심리상담가로서 수많은 상담사례를 통한 다양한 심리분석 자료가 있었으며 전문 상담가로서는 보기 드물게 내담자들 사이에서 극성스런 팬덤이 형성되어 있는 자신감 넘치는 워

커홀릭 우먼이었다.

　그런 그녀의 첫마디는 제대로 된 출판을 하고 싶다는 것이었다. 우선 과거에 만들었던 그녀의 책을 살펴보았더니 가장 기본이어야 할 ISBN 번호가 없었다. 조금 냉정하게 말하자면 ISBN 번호가 없는 책은 중앙도서관에 납본되지도 못하며 저작권 보호도 받을 수 없는 단순한 인쇄물에 불과할 뿐이다. 또한 유통되지 않은 책은 대중성도 없고 아는 지인들과 돌려보는 수준의 자기만족적 기록물일 따름이다. 물론 요즘 독립출판이 유행하며 ISBN 번호가 없는 개성 강한 책들도 많지만 그녀의 책은 독립출판의 테두리에 갇히기에는 너무 아쉬움이 많았다. 돈은 돈대로 들이고 정작 책으로 얻을 수 있는 다양한 효과는 거의 기대할 수 없는 딱한 경우에 해당된다.

　사정은 이러했다. 책을 만들 당시 저자는 출판 과정에 대하여 아무것도 몰랐고 출판 전문가로부터 도움 받을 생각도 못했다. 그저 상담가로서 마음이 아픈 내담자들에게 자신의 상담 경험을 바탕으로 상처를 보듬어주고 싶어 직접 소량의 책을 만들어 나누어 주었다고 한다. 그런데 의외로 지인들의 반응이 좋아서 일반 서점에서도 만날 수 있는 제대로 된 책을 출간하고 싶었고, 우연히 지인으로부터 필자를 소개받았다는 것이다. 그런데 그녀가 말하는 제대로 된 책이라 함은 기능적 측면이었지 내용적 측면은 아니었다.

필자의 역할은 철저하게 기획부터 시작하여 원고 진행, 출판권 설정 계약 체결, 출간 및 홍보까지 총괄하는 출판 코디네이터다. 그래서 단순히 그녀의 첫 책과 추가 자료들을 다시금 묶어내는 스크랩 수준의 작업은 하지 않는다. 그렇다고 그녀의 자료가 부실했다거나 그녀의 이야기가 출판의 내용으로 부족했다는 건 절대 아니다. 다만 산발적으로 흩어져 두서없이 나열된 이야기들에 명확한 방향이 주어지고 일관된 흐름이 있어야 했던 것이다. 그래야 책이 책다워지는 것이다.

출판 코디네이터가 여느 출판 브로커나 자비 출판사들이 하는 작업과 다른 부분이 바로 여기에 있다. 필자는 저자와 책을 함께 기획하고 원고의 방향성을 탐색하여 출판사를 물색하는 일에서부터 출판기념회나 북콘서트 같은 행사를 직접 계획하고 홍보와 마케팅을 고민하는 일까지 담당한다. 때로는 스토리텔러가 되어 원고에 생명력을 불어 넣는 일도 해야 하고 때로는 편집자가 되어 불필요한 부분들을 쳐내는 일도 해야 한다. 단순히 책을 내는 것에서 그치지 않고 마케터가 되어 책이 독자들에게 전달되는 과정들을 출판사와 조율하기도 한다. 출판사와 출판권 설정 계약을 추진할 때에도 일단 저자 입장에서 합리적 조건으로 체결하기 위하여 최선을 다한다. 비유하자면, 저자에게 출판 코디네이터는 에이전트나 매니저 같은 존재라고 할 수 있다. 저자에게 최선이 무엇인지 먼저 생각하고 이를 저자와 출판사 사이에서 최적의 협상을 끌어낸다.

다시 박 소장의 이야기다. 필자는 당시 그녀의 자료와 이야기를 바탕으로 단순한 자료집 모음이 아닌 불특정 다수의 일반 대중에게 다가갈 수 있는 새로운 기획안을 제시했다. 그녀는 너무 좋다며 기획안을 즉시 수용했다. 저자와 코디네이터가 함께 동의하는 방향이 나오면 일은 일사천리로 진행된다. 이후 모든 진행은 놀라울 만큼 순조로웠다. 그녀는 상담 전문가로서 20여 년 간의 연구 경력과 26,000회 이상의 임상 과정에서 누적된 자신만의 특별한 노하우를 가지고 있었기에 필자가 틀을 잡은 목차 아래 질서정연하게 이야기들을 담아나갈 수 있었다. 바쁜 상담 일정 속에서 원고가 완성되었고 원고가 완성된 이후에도 그녀는 철저했다. 그녀는 그녀의 책을 읽을 독자들에게 보다 간결한 정리됨을 전해주고자 출판사의 예정된 출간일정을 늦추면서 각 장의 끝자락에 원 포인트 레슨까지 추가하는 수고를 마다하지 않았다.

그렇게 그녀의 책이 출간되었다. ISBN 번호가 깔끔하게 인쇄된 그녀의 첫 책을 받아든 날 그녀는 무척이나 기뻐했다. ISBN 번호 없이 내담자, 지인들과 공유하던 이전의 책과 달리 제대로 출간된 그녀의 진짜 첫 책은 전국 주요 서점과 인터넷 서점을 통하여 전국의 다양한 독자들에게 다가갈 수 있었으며 가뜩이나 열렬한 팬덤을 보유하고 있던 그녀에게 새로운 응원의 메시지가 추가되기 시작했다. 수만 건의 상담에서 도출해낸 그녀의 명쾌한 제안은 비로소 책을 통하여 시공간을 초월하게 되었다. 그녀의 상담소는 천안에 있지만 이제 내담자는 전국 각지에서 그녀를 만나러 찾아오고 있다. 언제나 마음이 아픈 이들을 보듬어 안아주는 그녀였기에 이제는 심리상담가와 저자로의 겸업이 전혀 낯설지 않다.

소통의 중요성을 일깨워준
반려동물 전문가

애완견과 반려견의 차이를 아는가? 필자는 반려동물 전문가인 박효진 교수를 만나기 전까지 그 호칭의 차이를 진지하게 생각해 본 적이 없다. 호칭에서 내포하는 바에는 여러 차이와 의미가 있겠지만 개인적으로는 소통의 유무라 말하고 싶다. 시인 김춘수는 '내가 그의 이름을 불러주었을 때 그는 나에게로 와서 꽃이 되었다'라며 식물인 꽃과도 소통을 노래했다. 인류 역사상 인간과 가장 가까이 지내온 동물인 개와의 소통은 어쩌면 당연하다. 소통에는 반드시 책임이 따른다. 애완견이라는 호칭에는 사랑은 있지만 싫증나면 외면할 수 있는 무책임이 숨어있다.

우연한 기회에 대학교 강의용 교재를 만들고 싶다는 한 반려동물 전문가를 만나게 되었다. 만나기 전에 지인으로부터 그녀에 대한 정보를 듣기는 했지만 반려동물에 문외한이었고 교재출판은 필자의 전문 분야가 아니었기에 특별한 기대는 없었다. 더욱이 급성장한 반려동물 관련 시장에 비해 대체적으로 단행본 출판에서는 아직 큰 수요가 형성되어 있지 않은 현실을 잘 알고 있었기 때문에 그녀의 책 진행을 맡게 될 일도 없을 거라 생각했다. 그저 교재 출판과 관련하여 약간의 도움이라도 주면 되겠지 하며 아무런 사심 없이 아주 편안하게 그녀와 마주앉았다.

그녀는 동물을 무척 사랑하고 그 사랑의 올바름을 위해서 저돌적으로 공부해온 따뜻한 전문가였다. 대학교와 문화센터에서 왕성하게 강의하는 동물행동학 교수였고, 핫독연기견센터를 운영하는 사업가로 영화와 드라마 분야에서도 이미 상당한 영역을 선점한 상태였다. 보통 자신의 분야에서 정력적으로 활동하는 저자들은 출판의 필요를 강렬하게 느끼지 못하는 경우가 많다. 처음 박 교수를 만났을 때 그녀 역시 출판에 대한 정보가 거의 없는 상태였다. 단순히 반려견 훈련과 관련한 강의 교재의 필요성으로 전반적인 상담과 도움을 필요로 할 뿐이었다.

그녀도 필자도 단행본 출판을 염두에 둔 만남이 아니었는데 대화를 나누면서 필자는 서서히 그녀와 그녀의 전문 분야에서 묘한 매력을 느끼며 저자의 품격과 책의 향기를 찾아가기 시작했다. 지금까지도 필자는 저자에게 먼저 책의 진행을 설득하지 않는다. 물론 앞서 언급한 류현수 건축가는 예외다. 그는 오랜 친구였으니 필자가 먼저 권했다. 하지만 그런 특별한 관계가 아니라면 언제나 저자의 의뢰에 코디네이터로서 판단하고 결정을 내릴 뿐이다. 이는 처음 마주한 저자에게 비즈니스로 다가가지 않겠다는 필자의 원칙이다. 그런데 그녀에게는 교재 출판에 대한 이야기보다 교재와 단행본의 차이를 설명했고 오히려 단행본 출판의 장점과 효과를 자세히 알려줬다. 그녀의 내재 가치가 은근히 탐나 직접 책으로 만들어보고 싶었던 것이다.

첫 미팅 이후 한동안 연락이 없었다. 자연스럽게 필자도 그녀의 기억이 가물가물해졌다. 그러던 어느 날 다시 연락이 닿았다. 고민 끝에 출판을 진행해보겠다는 반가운 소식이었다. 두 번째 만남에서 박 교수는 교재와 단행본의 구분을 떠나 반려동물과의 올바른 소통을 위한 책의 필요성을 재차 강조하며 책에 자신의 모든 것을 담아보겠다 했다. 이후 책의 기획을 위하여 여러 번 만나 대화를 나누었는데 그녀는 참 영혼이 맑은 사람이라는 느낌을 받았다. 개와 고양이뿐 아니라 가축과 실험동물, 야생동물에 이르기까지 이 땅에서 살아 숨 쉬는 모든 생물들에게 인간과 똑같이 행복할 권리가 있다며 열정적으로 이야기를 이어가는 모습에서는 그녀가 전사처럼 느껴지기도 했었다.

원고 진행 과정은 의외로 집요하고 풍성했다. 아마 필자가 진행한 책 중에서 가장 많은 자료들이 치밀하게 준비되지 않았나 싶다. 그만큼 그녀의 동물 사랑은 세심하고 따뜻했던 것 같다. 여러 차례 원고 수정이 이뤄졌고, 곳곳에 따뜻한 일러스트가 삽입되면서 책의 퀄리티가 부적 올라갔다. 출판사에 원고가 넘어갔을 때에는 우리나라에 둘도 없는 본격 '펫시터 & 도그워커 매뉴얼'이 그 모습을 제대로 갖추고 있었다. 그녀의 책은 내용 면에서도 풍부하고 깊이가 있었지만, 책에 대한 전문가의 응원도 뜨거웠다. 카렌프라이어아카데미의 수석강사, 중국애견협회 총재, 한국애견협회 부회장이 추천사를 써주며 그녀의 책에 대한 신뢰도를 높여줬다.

드디어 기다리던 책이 나왔다. 저자는 출판사로부터 자신의 이름이 박힌 책을 받아들고 뛸 듯이 좋아했다. 코디네이터로서 결과물에 만족하는 저자를 보는 건 언제나 이 일의 가치와 보람을 떠올리게 한다. 책의 출간과 더불어 독자들에게 다가가는 여러 행사를 준비했으나 맹위를 떨치는 코로나로 인하여 독자들과의 다양한 강의를 진행하지 못한 아쉬움이 여전히 남아있다. 하지만 필자는 아직도 기억하고 있다. 그녀가 책을 결심했을 때, 책을 위하여 엄청난 자료를 준비했을 때, 그리고 책에 그녀의 모든 열정을 쏟아 부었을 때마다 그녀는 독자와 소통하기 위해 최선의 배려를 다했었다. 그리하여 그녀의 책은 오늘도 많은 반려인들에게 생명의 소중함과 소통의 중요성을 친절하게 전달하고 있음이 분명하다.

"읽는 법을 배우는 건 불을 피우는 것과 같다.
적어 나가는 모든 음절 하나하나가 불꽃이기 때문이다."
−빅토르 위고−

작은 날갯짓이
삶에 토네이도를 가져올 수 있다

04

내 이름의 책 한 권은 단순히 지면에 박힌 활자를 넘어 저자의 인생 전체를 바꿔놓는 1급 토네이도가 되기도 한다. 쉽게 이해할 수 있는 현실적 사례가 있다. 『꼬리에 꼬리를 무는 영어』의 저자 한호림과 『언어의 온도』를 쓴 저자 이기주다. 우리나라에서 홍대 미대를 졸업하고 모 대학 시각디자인과 교수로 있다가 1987년 가족과 함께 캐나다로 이민을 갈 때까지만 해도 한호림은 국내에서 전혀 알려져 있지 않던 저자였다. 뿐만 아니라 그가 책을 쓴 영어 교육과 관련해서도 이전까지 아무런 경험이나 바탕이 없는, 정말 말 그대로 생짜배기 초보 저자였다. 그런 그가 1993년 우연한 기회에 캐나다 현지 한인신문에 연재했던 재미있는 영어 어원에 관한 이야기를 눈여겨 본 한 기획자를 만나 써놓은 원고들을 모아 책을 냈다.

사실 책을 출간하기로 한 출판사가 처음에 원고를 보고는 난색을 표했다고 알려졌다. 디자인출판사가 영어 교재를 낸다는 세간의 시선과 이전의 책들과 분야가 다르기 때문에 책을 어떻게 판매해야 할지 모르겠다는 이유에서였다. 출판사 입장에서는 사실 크게 기대를 하지 않고 지나가는 책처럼 냈다고 한다. 물론 우리가 다 알다시피 결과는 엄청났다. 시장의 반응은 뜨거웠다. 며칠 만에 대형서점에서의 대량 주문이 들어왔고, 매달 수 천 부씩 꾸준히 판매되더니 급기야 그해 최고의 베스트셀러로 등극했다. 저자는 뜻하지 않게 초대형 베스트셀러 작가가 되었고, 그 책을 출간했던 출판사 역시 『꼬꼬영』 덕분에 꽤 많은 수익을 남겼다는 소문이 돌았다.

저자 이기주의 사례는 더욱 대단하다. 경제부와 정치부에서 잠깐 기자 생활을 한 것으로 알려진 그는 사실 베스트셀러가 나오기 전까지 철저하게 무명에 가까운 저자였다. 특별한 사회적 지위나 성과도 눈에 띄지 않았다. 그런 그가 2016년 내놓은 『언어의 온도』와 『말의 품격』은 그야말로 국내 도서시장을 휩쓸었다. 수많은 출판사의 문을 두드렸지만 모두 거절당해 혼자 1인출판사를 차려 출간한 책이라는 흥미로운 뒷얘기는 말 그대로 덤이다. 아마 모르긴 몰라도 당시 그의 원고를 단칼에 거절했던 출판사들은 속이 많이 쓰릴 것 같다. 어쨌든 그의 작품은 공전의 히트를 기록했다. 이후 스페셜 에디션까지 출간 되었을 정도니 가히 베스트셀러를 넘어 메가셀러라 불려도 손색이 없을 것이다. 정확한 수치는 본인만 알겠지만, 지금까지 팔린 책들만 어림잡아 대략 수십억에 가까운 매출을 올렸다는 계산이 나온다.

　너무 지나치게 현실적인 이야기만 했다. 필자가 특히 강조하고 싶은 이야기는 세속적인 것이 아닌 이것이다. 내 이름의 책 한 권은 우리의 삶을 송두리째 바꾸어 놓을 수 있다는 것! 자신의 책이 베스트셀러가 되어 유명세를 타는 것만으로 변화의 모습을 말 할 수는 없다. 그보다는 책을 통해 삶을 이전보다 진지하게 이해하고, 감사하게 받아들이며, 냉철하게 바라볼 수 있다는 것이 진정 바람직한 변화의 모습은 아닐까? 한 인터뷰에서 저자 이기주는 자신의 책에 대해 이렇게 이야기했다. "언어의 온도는 제 자식이다. 쓴 기간은 몇 달 안 될 수도 있다. 하지만 그 책을 쓰기까지의 내 세월을 고민하다가 감히 세월이라는 말을 붙일 수 있을 만한 시간이 걸렸다." 남들의 성공은 순간 반짝하며 명멸하는 것 같지만, 사실 그 이면에 숱한 불면의 밤과 고민의 나날이 있었던 것이다. 우리는 대박이 나서 좋겠다고 말하지만, 그가 내 이름의 책 한 권을 대했던 진지한 태도와 꾸준한 노력은 어찌 보면 정당한 보상을 받은 셈이다. 당신도 당신의 삶에 강력한 토네이도를 가져올 수 있다. 오늘 바로 작은 날갯짓을 시작해보라.

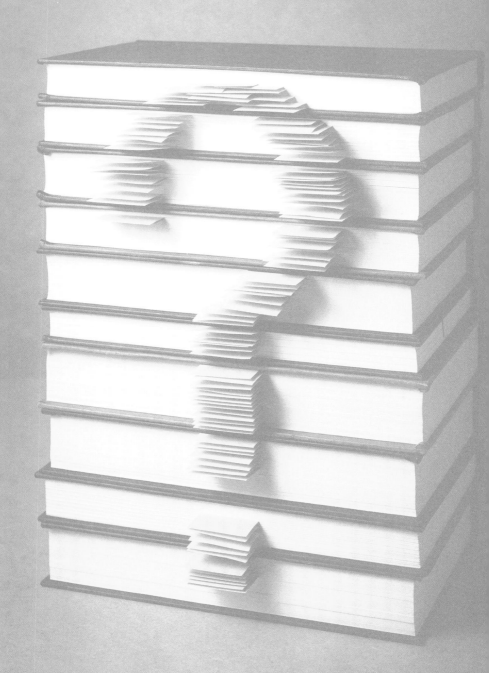

시작은 미약하지만
끝은 창대함을 알기에

필자는 언제나 저자를 처음 만나면 출판에 관한 모든 다양성을 미리 고지하고 선택을 일임한다. 출판에 다양한 선택지가 있는 만큼 출판 코디네이터를 선택하느냐 마느냐 하는 문제도 전적으로 저자에게 달려 있다. 필자라고 왜 무조건 하고 싶은 마음이 없겠는가? 작업을 진행하면 그에 따른 보상이 주어지는 프리랜서의 속성 상 하나라도 더 작업을 수행하면 그만큼 필자에게도 이익이 되는 일이다. 하지만 뭐든지 욕심을 내거나 서두르면 도리어 일을 그르치게 된다. 필자의 경험에 따르면 이건 진리다. 그래서 때로는 정중하게 거절하기도 한다.

영화장수 루피형아는 여러 번 필자에게 책을 출간하고 싶다고 말했다. "저는 꼭 책을 내고 싶어요. 도와주세요." "코디님, 제 첫 번째 책의 진행을 맡아주세요." 필자가 사는 동네까지 찾아와 함께 술잔을 기울이기를 여러 차례, 필자는 결국 출판을 대하는 그의 진지함에 출판 진행을 승낙하고 말았다. 필자가 그의 출판을 막았던 이유는 세 가지 정도가 있었다. 첫 번째, 아직 젊으니 보다 다양한 경험과 튼실한 성과 뒤에 진행하는 것이 좋을 것 같았다. 두 번째, 책에 대한 진심이 있더라도 코디네이터의 도움을 받으려면 비용이 발생하는데 아직 젊은 친구가 굳이 그런 비용까지 지출할 필요가 있나 싶었다. 세 번째, 어쩌면 이 부분이 가장 큰 이유가 되었는데, 영화라는 영상 매체를 출판이라는 활자 매체로 옮기는 과정에서 시장성과 가능성 모두 필자 스스로 확신이 서지 않았다. 기획하기가 만만치 않아 보였다.

집요함은 일을 진행시킨다. 서너 번의 거절 끝에 결국 코디네이터 역할을 수락했고, 그 순간 그의 진지한 모습과 설렘의 표정을 아직도 잊을 수 없다. 그만큼 자신의 새로운 도전을 온몸으로 받아들이며 동시에 더욱 성장하게 될 자신의 모습을 본능적으로 느끼고 있었던 것이다. 이제 공은 저자에게서 필자에게로 넘어왔다. 그가 가진 콘텐츠를 극대화해서 한 권의 책으로 생기를 불어넣고 멋진 결과물을 세상에 내놓는 전 과정을 이끌어가게 된 것이다. 그간 필자는 코디네이터로서 작업을 시작하기 전에 예비 저자와 여러 차례 만나는 준비과정을 생략한 적이 거의 없다. 나름 저자의 삶과 가치관을 탐색하고 알아가는 것이 그에게 맞는 책을 완성하는 데 선행적으로 거쳐야 할 필수 과정이라고 믿기 때문이다.

루피형아 역시 그랬다. 코디 작업을 진행하기 전부터 그와 여러 번 술잔을 부딪치며 그의 삶과 가치관, 주변에 대해 하나씩 알아가게 되었다. 영화를 너무 좋아했던 어린 시절, 동생과 동네 가게에서 비디오를 빌려 집에서 하루 종일 돌려본 이야기, 영화 비평 블로그를 시작하며 세상에 처음으로 자신의 목소리를 내었던 순간 가슴에 벅찬 감동이 밀려왔던 이야기, 그러면서 내가 이 일을 평생 해야겠구나 하고 다짐했던 이야기 등. 개인적으로 필자에게 있어 저자와의 만남은 일도 하고 누군가의 삶을 가까이서 체험하는 일석이조의 시간이기도 하다. 이렇게 그와 수차례 미팅을 가지면서 책의 방향과 구체적 내용을 잡아갔다. 어느 때보다 기획 과정에 많은 시간이 소요된 케이스였으나, 그는 필자와 책 이야기 나누는 걸 진심으로 좋아했다.

필자는 그가 기억하고 있는 영화들을 일정한 주제를 가지고 선정하여 목차와 챕터를 나누고 내용의 뼈대를 만들었다. 그는 정말 신나서 일을 진행했고 그 과정에서 그가 얼마나 이 작업을 사랑하고 좋아하는지 알게 되었다. 기획이 어느 정도 마무리 되었을 때, 우리 대화는 이미 출판이라는 작은 날갯짓이 가져올 커다란 토네이도를 예상할 수 있게 됐다. 누구의 책이든 출판의 진행 과정에서는 많은 변수가 등장하기에 시작에서부터 끝에 이르기까지 전체의 모습을 명확하게 상상하며 구체적으로 준비하는 경우는 극히 드물다. 사실 책을 진행하다 보면 미처 예상하지 못했던 문제들이 불쑥 튀어나와 당황스러운 경우가 많다. 하지만 그는 예외였다. 자신의 블로그 방문자와 유튜브 구독자에게 책으로 무엇을 전달하고, 또 어떻게 소통하고 다가갈 지를 명확하게 그리고 있었기에 그의 원고 진행은 거침이 없었다.

결국 루피형아는 책의 시작과 동시에 이미 커다란 결과를 얻은 셈이다. 책을 한 권 낸다는 건 그 분야에서 자신이 몸소 체험했던 일련의 과정과 경험들을 체계적으로 정리하는 작업이며, 향후의 일정과 포부, 비전을 확립하는 일이기도 하다. 앞으로 자신이 얼마나 성장하고 풍성해질 지를 정확히 인지하고 스스로를 다잡아 가는 모습을 보면서 과거 필자의 성급한 만류가 과한 기우였음을 뒤늦게 인정해야 했다.

루피형아의 책은 코로나로 인하여 아직 독자와 만나지 못하고 있다. 출간과 함께 진행하려고 했던 극장에서의 야심찬 출판기념회 등을 포기하기보다는 출간 시기를 미루는 게 좋겠다는 판단에서였다. 조금은 안타까운 결정이었지만 그는 실망하지 않고 완성된 원고를 다시 다듬을 수 있어 좋다고 했다. 아마도 여러분이 이 책을 읽고 있을 즈음이면 머지않아 서점에서 그의 책도 만날 수 있지 않을까 싶다. 끝의 창대함을 알기에 그는 오늘도 자신이 내딛는 발걸음 하나에 신중함을 더하고 있는 것이다.

제한적인 나를 뛰어넘어
더불어 다함께

　내 이름의 책 한 권은 현실의 한계를 넘어 다른 영역과의 통섭을 이뤄나가는 교량이 되어주기도 한다. 소행주 운동의 산증인 류현수 대표가 대표적인 경우라고 할 수 있다. 필자가 존경하는 건축가 이일훈 선생님은 그를 두고 이렇게 말했다. "나는 평소 '속도보다 방향', '성취보다 태도'를 더 중시하는데 그가 딱 그런 사고방식을 지닌 사람이다. 더하여 그는 '따로 또 같이'라는 공동체 의식을 펼쳐 보이려 끊임없이 궁리한다." 따로 또 같이, 더불어 다함께… 말이 쉽지 행하기 쉽지 않은 일이다. 이는 기본적으로 스스로를 뛰어넘어야 하기 때문이다.

　그의 책은 그를 닮았나 보다. 『마을을 품은 집, 공동체를 짓다』가 2019년 세종도서에 선정되면서 그의 책은 마을만들기 운동이 틀리지 않았음을 사회적으로 인정받는 또 한 번의 계기를 스스로 마련했다. 세종도서는 한국출판문화산업진흥원이 주관하여 매년 학술 분야와 교양 분야에서 출간된 국내 도서들을 대상으로 심사하는 공익사업으로 열악한 출판계의 현실을 타개하고 양서 출판을 유도하기 위해 문체부가 매년 진행하는 사업이다. 일단 세종도서에 선정되면 한국출판

문화산업진흥원이 일정 금액 이내에서 일괄 구입하여 전국의 공공도서관과 학교 등에 비치한다.

류 대표의 책이 세종도서에 선정되었다는 건 국민의 독서문화 향상을 도모한다는 선정 취지에 걸맞게 책의 내용과 주제가 가치를 인정받았다는 뜻이다. 평생 집념 있게 추구했던 공동체 운동이 책을 통하여 공적으로 인정받았다는 건 저자로서 자랑할 만한 일이다. 전국 공공도서관에 자신의 책이 깔리는 건 이러한 자부심 뒤에 따라오는 덤으로 그의 가치가 보다 다양하게 공유되는 좋은 기회이다. 이런 효과는 그의 책을 기획할 때 예상하지 못했던 성과 중 하나였다.

책이 가져다 준 성과는 또 있었다. 얼마 전 그가 속한 홍익대 건축학과 졸업생들의 건축 전시회에 다녀왔다. 필자 역시 같은 대학 같은 과에 몸을 담았지만 그처럼 건축물을 주제로 전시회를 여는 행사의 관람은 처음이었다. 현란한 건축 조형물과 다채로운 도면, 친절한 설명들이 곳곳에 배치되어 마치 현대미술이나 설치미술을 보여주는 갤러리를 연상시켰다. 한 편의 예술품과 같은 건축 작품들을 감상하면서 현직 건축가들이 이끌어가는 우리나라 도시 건축의 현주소를 함께 파악할 수 있는 좋은 시간이었다.

그렇게 눈호강을 하는데 친구 류현수의 건축 조형물이 눈에 들어왔다. 멀리서 누가 보더라도 그의 작품임을 알 수 있었던 건 그 옆에 필자와 함께 진행했던 책이 놓여 있었기 때문이다. 기라성 같은 건축가들이 함께 출품한 작품들 사이에서 유독 자기 이름으로 낸 책을 갖고 있는 사람은 류 대표가 유일했다. 아무런 설명이 없어도 2019년 그가 출간한 책은 그의 건축이 보여준 대중성과 함께 전문성을 오롯이 증명하는 더 없이 멋진 자료였다.

　류현수의 소행주는 비싼 집보다 좋은 집을 추구한다. 소행주가 생각하는 좋은 집은 이웃이 있고 마을이 숨 쉬는 집이다. 원래 집은 자연과 사람을 이어주는 유익한 공간이다. 그래서 그의 건축은 '모두 다 함께', '한 사람의 열 걸음보다 열 사람의 한 걸음으로'라는 평소 그의 마을만들기 철학을 잘 대변해주고 있어서 더욱 의미가 있다. 이러한 건축 정신을 가득 담은 그의 책을 보고 아파트공화국인 우리나라 많은 입주민들이 마을의 가치를 깨닫고 공동체의 매력을 느낄 수 있다면 그가 출간한 책 한 권은 단순히 개인의 만족을 넘어 공동체와 사회를 바꾸어 나가는 촉매가 될 수 있을 것이다. 이건 그의 자그마한 책 한 권이 가져온 아름다운 혁명이다.

예상을 뛰어넘는
강렬한 피드백

　피드백이란 어떤 원인에 의해 나타난 결과가 다시 그 원인에 영향을 미쳐 자동 조절하는 현상이다. 세상만물의 모든 변화가 이러한 피드백으로 진행되고 있다 해도 과언이 아니다. 자연계에서의 피드백은 과학적 통계와 분석으로 예측이 되지만 인간관계에서의 피드백은 예측할 수가 없다. 단지 기대하거나 우려할 뿐이다. 내 이름의 책 한 권은 곧 내 자신이기에 이 책도 사회적 관계에서 긍정과 부정의 다양한 피드백을 가져온다.

　책을 출간한 저자 대부분은 부정보다는 긍정의 피드백을 많이 받는다. 책 한 권 자체가 그리 쉬운 일이 아니고 누군가의 삶이 담겨 있는 특별함이기에 치명적 오류가 담기지 않는 한 무관심은 있어도 부정의 시각은 없는 것이다. 그래서 모든 저자는 은근히 자신의 책에 긍정의 기대를 키우곤 한다. 당연히 이 글을 쓰고 있는 필자 역시 이 책의 피드백에 설렘을 가지고 있다. 이런 설렘은 여러분들도 충분히 공감하리라 믿는다. 그래서 필자가 저자의 새로운 책을 진행할 때마다 가장 긴장되고 떨리는 순간은 언제나 출간 직전이다.

물론 30년의 출판 경험은 대략의 피드백 사이즈를 어느 정도 예측할 수 있지만 언제나 변수는 있는 법이다. 예측보다 작아지는 변수는 많아도 예측보다 커지는 경우는 극히 드물다. 필자의 자랑 같지만 필자가 코디를 맡은 저자 중에서 기대보다 만족이 적은 경우는 없다. 물론 판매 수치에서는 기대에 못 미쳐왔다. 이는 대형서점에서 판매중인 책의 95% 이상이 기대한 판매수치에 가까이 다가가고 있지 못한 현실을 감안하면 지극히 당연하다. 책의 진정한 피드백은 수치가 아니라 가치다. 가치와 의미와 역할의 관점에서 필자의 저자들은 언제나 기대 이상이었다.

　　출판 코디네이터로서 진행한 책 중에 가장 잊을 수 없는 책이 있다. 성우 김나연의 『말의 품격을 더하는 보이스스타일링』이다. 이 책은 앞에서 언급했지만 아직 못 다한 이야기가 많다. 출간 당시 피드백은 바로 다가왔다. 저자가 몸담고 있는 성우계에서 센세이션을 일으켰고 일반인들에게는 말이 곧 호흡임을 알리는 계기가 되었다. 보이스스타일링은 이제 수많은 수강생들은 물론이고 동료 성우들 사이에서도 그 의미와 가치를 새롭게 인정받고 있다. 출간 후 저자의 회사에서 가진 출간기념회에 성우계의 여러 인사들이 찾았는데, 몇몇 동료 성우들은 그녀의 책을 읽고 그 완성도에 깜짝 놀랐다며 칭찬을 아끼지 않았다.

　　뿐만 아니라 이 책은 이후 코로나 팬데믹으로 전 세계가 어려운 때에도 미래를 위한 마중물의 역할을 톡톡히 했다. 코로나의 여파는 그녀가 운영하는 회사에도 어김없이 찾아왔지만, 책은 이런 위기를 돌파할 수 있는 힘을 주었고 새로운 시장을 개척하는 데 더 없이 필요한 도약대가 되었다. 특히 그녀의 책은 그녀의 회사를 다른 경쟁 업체들과 달리 목소리에 대한 철학을 가진 회사로 부각시켜 주었고, 이를 통해 글로벌 오디오북 기업과 국내 AI 보이스 전문기업의 파트너로 선정되는 쾌거를 가져왔다. 내 이름의 책 한 권은 단순히 개인에게 출판의 보람을 안겨주는 데에서 그치지 않고 동료 성우들에게는 목소리의 새로운 관점을 제시했으며, 그녀의 사업에서도 매우 긍정적인 동력을 제공해주었다. 한 권의 책이 이처럼 커다란 긍정의 피드백을 가져오리라고 그 누가 예측했겠는가? 대단한 일이다.

김나연의 책은 또 다른 피드백도 가져왔다. 그녀의 지인 박수경 소장이 책 한 권을 주저하고 있을 때 망설임 없이 박 소장을 필자에게 소개해주었다. 그렇게 이어진 관계에서 박 소장은 『그 남자, 그 여자의 바람 바람 바람』, 『그 남자, 그 여자의 지킬 앤 하이드』, 『섹스, 사랑이라는 여자 열정이라는 남자』, 『멈출 수 없는 즐거움의 민낯, 중독』 이렇게 연달아 4권의 책을 출간했고 이제 곧 관계중독의 문제를 다룬 다섯 번째 책의 출간을 앞두고 있는데 이처럼 필자의 입장에서는 책의 피드백을 이야기할 때 박 소장의 사례도 논하지 않을 수 없다.

그녀의 책 네 권은 그녀의 삶에 많은 변화를 가져왔다. 첫 번째 책의 출간 이후에는 내담자가 증가하더니, 두 번째 책을 출간하였을 때는 춘천의 어느 여고에서 특강 제안이 들어오기도 했다. 세 번째 책 직후에는 지속적으로 대학 강단에 서게 됐으며, 네 번째 책 이후에는 여성가족부장관상까지 받았다. 물론 이러한 결과가 온전히 책의 힘으로 이루어진 것은 아니다. 그녀의 치열한 연구와 성실한 상담, 그리고 선한 영향력의 결과일 것이다. 하지만 책의 출간 시점마다 찾아오는 기쁨이 단순한 우연만은 아니라 생각한다. 이제 다섯 번째 책이 그녀에게 가져다 줄 기쁨은 무엇일지 궁금하다.

세상 속으로의
올곧은 자리매김

전체 소제목을 잡아 놓고 다른 소제목의 내용은 다 채워놓으면서도 마지막까지 이 제목 아래에서 아무 글도 쓸 수가 없었다. 심지어 이 소제목을 삭제하고 다른 제목으로 대체할까도 고민했다. 그만큼 이 페이지의 시작이 힘들었다. 처음부터 이 소제목은 그를 위한 공간이었다. 그는 우리가 감추고 싶었던 시대의 아픔과 그늘을 여과 없이 그대로 전해준 우리 시대 최고의 다큐멘터리 사진작가 고 최민식 (1928~2013) 선생님이다.

필자는 그를 딱 한 번 만나 뵈었는데 그때가 2005년 10월 21일이었으니 벌써 16년 전이다. 기억마저 희미하다. 부산 어느 동네의 골목길 입구에서 마중 나온 그를 따라 들어선 아담한 단독주택의 좁은 서재에는 책들과 사진집과 자료들이 가득 차있었다. 두어 시간 이야기를 나누고 당신의 책 세 권을 선물 받아 서울로 돌아왔다. 그 뒤로 못 뵜다. 더구나 지난 2013년에는 세상을 떠나셨다. 코디네이터로 만난 것도 아니고 고인의 책을 진행했던 것도 아니다. 그럼에도 불구하고 필자가 이 책을 쓰기로 결정했을 때 어느 한 공간에 그를 꼭 담겠다고 약속한 건 필자의 특별한 반성 때문이다.

  아주 오래전 의욕과 열정만이 충만했을 때, 필자는 굉장히 큰 그림을 그리고 있었다. '한국의 현대사를 분야별 대표명사로 읽는다.'라는 캐치프레이즈로 총 100권의 책을 계획한 거대한 프로젝트였다. 출판인으로서 출판 속으로의 올곧은 자리매김을 하고 싶은 욕심이 있었고, 그 시리즈를 통하여 당사자들도 역사 속으로 올곧은 자리매김을 해드리고 싶었다. 먼저 우리 사회 20여 분야의 대표명사를 선정하였고 차례차례 그들을 직접 만나 기획 의도와 출판 계획을 전해드렸다. 당시에 만난 그들의 모습이 아직도 선명하다. 최민식 선생님도 그때 만났다.

  국가기록원이 그의 작품과 소장품들을 '민간기증 기록물 1호'로 지정해 영구보관하기로 결정할 정도니 그에 대한 더 이상의 설명은 그만하겠다. 다만 평생 사진을 통해 가난한 사람들의 모습을 앵글에 담으며 우리 사회를 리얼하게 고발했고, 가난이 삶을 구속하는 굴레가 아니라 세상을 보다 적극적으로 사랑하는 이유가 된다는 역설을 보여줬기에 그는 100권 프로젝트의 한 명으로서 충분한 자격이 있다고 판단했다. 거기까지는 좋았다.

  당시 만난 예비 후보 대부분은 필자의 기획의도에 응원을 보내주었고 특별한 조건 없이 참여 의사도 밝혀주셨다. 그중에서도 최민식 선생님은 응원을 넘어 진정 감사의 마음까지 전해주셨다. 그는 어설픈 명예나 돈에는 관심이 없었다. 당시에도 이미 여러 권의 책이 출간되었지만 그가 그를 찾아오는 사람에게 한없이 감사함을 표시하는 건 당신의 욕심 때문이 절대 아니었다. 오로지 당신의 흑백사진이 책을 통하여 우리의 모습을 리얼하게 반영할 수 있기를 바라셨고, 그 반영으로 우리사회가 조금 더 따뜻해지기를 간절히 바랄 뿐이었다.

그러나 의욕과 열정만으로는 그들을 프로젝트에 온전히 담을 수 없었다. 여러 가지 이유가 있었지만 무엇보다 필자의 부족함이 컸다. 크게 그림의 초안을 그리기는 했지만 세부적으로 그들을 한 명 한 명 담아가기에는 역부족이었다. 올곧은 자리매김을 하겠다는 발걸음은 몇 걸음 못가서 굳어졌고 그 프로젝트는 컴퓨터 폴더 안에서 잠들어야 했다. 필자의 의욕이 무너진 건 그래도 괜찮은데 그 프로젝트에 응원을 보내준 분들에게는 정말 죄송했다. 특히 최민식 선생님에게는 아직까지도 죄스러움을 지울 수 없다.

그를 만나고 어느새 16년이 지났다. 필자는 코디네이터가 되었고 꽤 노련한 출판전문가로 자리매김 되었다. 문득문득 그때 그의 소박하지만 간절한 바람을 이뤄드리지 못했음에 마음이 아프다. 이미 늦었지만 이 지면을 통하여 당시 필자의 부족함으로 인하여 당신의 그

숭고한 삶을 세상에 올곧게 자리매김해드리지 못했음에 머리 숙여 사죄드린다. 그리고 약속드린다. 앞으로 코디네이터로서 당신 삶의 가치와 유사한 예비 저자를 만나게 되면 마치 당신을 마주한 듯 최선을 다하겠다. 책은 언제나 선한 영향력이 우선 담겨야 함을 잊지 않겠다.

"당신이 읽고 싶은 책이 있는데 아직 쓰이지 않았다면,
당신이 바로 그 책을 써야 한다."
−토니 모리슨−

한 권으로도 충분하고
여러 권이면 더욱 좋다

　　흑인 여성으로는 처음으로 노벨문학상을 받았던 미국의 소설가 토니 모리슨Toni Morrison은 젊어서 미국 랜덤하우스 출판사에서 편집자로 일하는 평범한 여성이었다. 대학 때 영문학을 전공했던 그녀는 대학원을 마치고 한 남자를 만나 결혼까지 하지만 짧은 결혼생활은 실패로 끝나고 만다. 이후 생계를 위해 출판사를 다니며 남들의 원고를 교정하고 책을 만드는 일을 십여 년 넘게 한다. 그러다 마흔 살이 다되어 첫 번째 소설 『가장 푸른 눈』을 발표했다. 소설은 금발이 아름다움의 기준이 되던 미국 사회에서 백인처럼 푸른 눈을 갖고 싶어 하는 한 흑인 소녀 피콜라의 이야기를 그리고 있다. 여성이면서 흑인이고,

가난한 집안 출신에 게다가 못생기기까지 한 열등감의 네 박자를 고루 갖춘 그녀는 푸른 눈이 부귀영화와 아름다움을 담보해주는 요소라고 굳게 믿는다. 아버지에게 성폭행을 당하고 집이 불타 남의 집에 더부살이를 하면서도 푸른 눈이 자신을 행복의 나라로 데려가 줄 거라는 마지막 희망을 놓지 않는다. 그녀는 급기야 주술사의 도움으로 푸른 눈을 얻었다는 망상에 사로잡히게 되고 반미치광이가 되어 길거리를 헤맨다.

『가장 푸른 눈』은 어쩌면 그녀의 자전적 소설이다. 미국 사회에서 흑인으로서, 그것도 여성으로서 살아가야 했던 그녀의 삶이 얼마나 척박하고 힘겨웠는지 저자는 피콜라라는 등장인물을 통해 고발하고 있다. 그녀는 어느 중산층 백인 작가들처럼 한가로이 글을 쓰며 노닥거릴 수 있는 처지가 아니었다. 1970년대 백인 남성이 지배하던 미국 사회에서 흑인 여성이 글을 쓴다는 것은 단순히 의지만으로 되는 게 아니었다. 모르긴 몰라도 상당한 용기를 끌어모아야 했을 게 분명하다. 그녀는 자신을 짓누르는 편견과 잔인한 인종차별에 맞서 내 이름의 책 한 권으로 분투했고, 결국 눈물과 땀이 빚어낸 작품『가장 푸른 눈』을 탈고하기에 이른다. 그 책은 토니 모리슨에게 엄청난 변화를 가져다주었다.

흥미로운 점은 그녀가 백인들이 우글거리는 코넬대학교 대학원에서 백인 작가인 버지니아 울프Virginia Woolf와 윌리엄 포크너를 주제로 학위를 받았다는 사실이다. 윌리엄 포크너William Faulkner가 누군가? 두 번의 퓰리처상과 노벨상을 거머쥔 모더니즘 소설의 대부다. 그는 한 세대 앞선 마크 트웨인처럼 20세기 초반 미시시피에서 창작활동을 하면서 미국 남부 지역의 가치관을 탐색한 전형적인 백인 작가로 꼽힌다. 그런 인물을 연구하면서 어떻게 자신의 소설에 흑인 사회의 가치를 이처럼 적절하게 담아낼 수 있었을까? 그녀가 쓴 내 이름의 책 한 권은 반듯한 손이 아닌 피가 철철 흐르는 심장으로 썼을 게 분명하다. 그 진정성이 오늘날까지 많은 독자들의 사랑을 받는 위대한 작품으로 이어졌을 것이다.

거기서 멈추지 않고 토니 모리슨은 출판사를 그만 두고 전업작가로 본격적인 창작 활동을 이어갔고, 1987년『비러브드』라는 작품으로 퓰리처상을 수상하기에 이르렀다. 포크너의 창작 주제이기도 했던 남북전쟁의 아비규환 속에서 딸이 노예가 되는 걸 막기 위해 딸을 살해해야 했던 비련의 어머니가 이 소설의 주인공이다. 그 이후 뉴욕 할렘가를 배경으로 흑인들의 삶과 욕망을 그린『재즈』로 1993년 미국 흑인 여성으로는 최초로 노벨문학상을 수상했다. 그녀가 만약 책 한 권에서 그쳤다면 전 세계적으로 추앙받는 최고의 저자로 올라설 수 없었을 게 분명하다. 책은 책을 부른다. 한 권이어도 좋지만 여러 권이면 더욱 좋은 게 바로 내 이름의 책이다.

조심스레 시작한 책 한 권이
어느새 여러 권으로

출판 코디네이터로 일하면서 새삼 알게 된 건 내 이름의 책 한 권을 출간했던 저자 대부분이 한 권의 출간에서 그치지 않는다는 사실이다. 이는 세 가지 분명한 진리를 말해준다. 첫째, 책의 출간 그 자체에서 오는 감출 수 없는 무한한 희열이 있다. 둘째, 책을 한 번 내면 그 다음 책은 좀 더 수월해진다. 셋째, 책이 책을 부르며 가치는 그에 비례해서 상승한다. 이 말을 보다 구체적으로 설명하면 이렇다.

책 한 권을 출간하는 일은 무척 어렵다. 하지만 책을 낸 사람만이 출판이 가져다주는 행복을 느끼며 저자로서 세상과 소통하며 책을 참 잘 냈구나 생각하기에 이전의 어려움은 쉽게 잊힌다. 그리고 그 행복감은 시간이 갈수록 점점 더 커진다. 그러면 책은 자석처럼 새로운 책을 부르는데 첫 번째 책이 자신의 이름을 세상에 알리는 역할을 했다면, 그 다음 책은 그 이름 위에 새로운 의미의 구조물을 올릴 수 있는 계기를 마련해 준다. 전문 분야의 책이라면 전문성의 깊이가 생기고, 자기계발이라면 실현 방법이 더욱 구체화되며, 에세이라면 세상을 바라보는 안목이 더욱 넓어진다. 잘 기획된 책은 시리즈로 묶일 수도 있으며 하나의 일관된 포맷으로 새로운 부가가치를 창출할 수도 있다. 이 모든 것이 책의 순기능이라 할 수 있겠다.

그 순기능의 대표적인 사례가 앞서 언급했던 박수경 소장의 대중 심리학 시리즈였다. 처음 박 소장을 만났을 때 그녀는 조심스레 책 한 권의 출간을 논의했지만, 그녀와 몇 차례의 미팅을 거치면서 필자는 그녀의 책이 한 권으로 끝나지 않겠다고 판단했다. 그녀는 향후 여러 주제를 가지고 적어도 세 권 이상의 책을 낼 수 있는 풍부한 콘텐츠의 소유자였기 때문이다. 박 소장의 주제는 모두 남녀의 성심리에 그 바탕을 두고 있었다. 이처럼 여러 가지 주제를 관통하는 하나의 상위 주제를 잡아낼 수 있다면 연속적으로 출간될 몇 권의 저서는 시리즈물로 묶일 수 있다.

필자는 그녀로 부터 우리나라에 외도 문제와 성적 일탈로 벌어지는 사건 사고들이 그렇게 다양하고 많은지 처음 알게 되었다. "성인이 남녀의 성심리만 제대로 알아도 훨씬 성공적이고 건강한 삶을 살 수 있습니다." 성심리라는 게 단순히 섹스나 이성관계에 대한 감각이나 에티켓 정도로 이해하고 있었던 필자는 저자의 말에 머리를 망치로 맞는 느낌이었다. 이러한 통찰력은 오랜 기간 수많은 남녀 내담자들을 만나서 심층 상담을 진행해온 저자의 탄탄한 임상 경험에서 나왔다. "아무리 자신의 분야에서 성공해도 성적으로 무너지면 인생에서 이룬 모든 것들이 하루아침에 공든 탑이 무너지듯 와르르 무너질 수 있거든요."

박 소장의 연구 분야와 상담 경험은 소프트 심리학을 다루는 단행본 시장에서 충분한 경쟁력이 있다고 판단하여 그녀와 순차적인 기획을 잡아 나갔다. 큰 주제로 남녀의 성심리를 놓고 그 출발선에서 외도심리와 범죄심리, 성심리, 중독심리까지 이어지는 시리즈물을 기획했다. 그렇게 해서 박 소장 특유의 대중 심리학 시리즈가 탄생하게 되었다. 시리즈가 갖는 홍보의 장점은 명백하다. 책의 날개를 통하여 시리즈의 모든 책을 같이 소개하고 있기에 그중 어느 한 권을 선택한 독자가 그 책을 읽은 후 나머지 책들에도 자연스레 관심을 가지게 되기 때문이다.

박 소장은 이제 곧 관계중독의 문제를 다룬 다섯 번째 책의 출간을 앞두고 있으며 한 걸음 더 나아가 자신만의 전문적인 콘텐츠를 효과적으로 알리고자 자신의 상담소 이름으로 출판사 등록도 하였다. 실용사용승인과 특허를 얻은 그녀만의 심리욕동이론을 소개하는 브로슈어와 전문 검사지 등을 만드는 데 있어 자신의 전문적인 내용의 효율적인 공유를 위해서 출판사의 필요성을 절감한 것이다.

그녀는 책을 내면서 출판 과정과 출판사의 역할을 이해하게 되었고, 상황에 따라서는 상담소 자체에서 출판을 진행하는 게 효율적이 겠다고 판단한 매우 적극적인 케이스이다. 그녀의 책 한 권은 이제 한 저자의 심리 연구와 상담소 운영에 있어 매우 중요한 무기가 되었고, 멋진 한 편의 드라마처럼 어느새 자신의 책을 다섯 권이나 가진 다작 작가로 이끌었다. 실로 놀라운 발전이다.

매번 스스로의 가치와 역할이
증폭되는 신비로움

　한 권의 책을 위해서, 특히 첫 책인 경우에 저자는 혼신의 힘을 다한다. 그래서 책의 출간을 앞두고는 대부분의 저자들이 탈진에 가까운 모습을 보이곤 한다. 그런데 편집과 디자인을 마친 자신의 원고가 인쇄와 제본의 과정을 거쳐 두 손에 책으로 놓이게 되는 순간, 탈진은 일순간 벅차오름으로 그 모습을 달리하며 서서히 책의 모든 내용이 다시금 세밀하게 다가오게 된다. 이러한 현상은 필자에게도 마찬가지다. 보통 짧게는 6개월, 길게는 1년 이상 저자와 함께 그 책을 진행해 왔기에 코디네이터도 저자와 비슷한 탈진과 벅차오름을 느끼기 때문이다.

　책은 여러 순기능이 있는데 그중에서 가장 처음에 나타나는 순기능이 바로 출간 직후 책의 내용이 다시금 되살아오는 과정에서 발현된다. 필자도 여러 번 경험하곤 했다. 희한하게도 책을 진행하는 과정에서는 미처 보지 못한 새로운 가치와 비전이 보이는 것이다. 아마도 진행 과정에서는 그 책에 매몰되어 시야가 한정되었지 않나 싶다. 이러한 사례의 대표적인 책이 김나연 성우의『말의 품격을 더해주는 보이스스타일링』이다. 이 책은 처음부터 세 권을 동시에 진행한 성주엽 대표나 첫 번째 책을 내면서 그 이후를 미리 염두에 둔 박수경 소장의 케이스와 달리 출간 직후까지도 정말로 한 권 그 다음을 염두에 두지 않았던 단 한 권의 책이었다.

그런데 한 권의 책으로 인한 새로운 가치와 비전은 뜻밖의 자리에서 등장했다. 책의 출간 이후 저자를 비롯한 몇 몇의 사람들과 축하 술자리를 가지게 되었는데 그 자리에서의 화제는 단연 책이었다. 특히나 책을 통하여 어렵게 구축한 보이스스타일링의 이론적 가치와 체계에 관하여 두서없이 자축하던 중 불현듯 '보이스 이펙트'라는 단어가 툭 튀어 올라왔다. 순간 모두가 감탄했고 마치 신의 계시라도 받은 양 보이스스타일링의 가치 확대를 논하기 시작했다. 결국 한 권의 책에 대한 마무리 자리는 후속 권에 대한 기획의 시작이 되었고 그녀의 세 번째 책『내 아이를 위한 목소리 태교』의 맹아가 자라나게 되었다.

태교가 두 번째 책이 아닌 세 번째 책이 된 사연도 특이하다. 필자가 보이스 이펙트라는 가치 확대를 염두에 두고 태교 책의 기획에 골몰해 있던 어느 날, 성우 김나연의 후배면서 동료이자 사위인 성우 선호제로부터 급한 연락이 왔다. "형님, 보이스 이펙트 관련하여 너무 멋진 아이디어가 떠올랐어요. 유튜버예요. 태교도 중요하지만 보이스스타일링과 유튜버의 만남도 절실한 것 같아요." 필자도 미처 생각하는 못한 책의 자가발전이자 증식이었다.

　물론 김나연과 선호제는 많은 수강생들을 가르치며 보이스스타일링의 확대재생산을 위하여 끊임없이 고민하고 노력하고 있었기에 새로운 영역의 확대가 당연할 수도 있지만, 첫 책의 탄생이 없었다면 아니 첫 책을 통한 체계적 정리가 없었다면 이처럼 멋진 아이디어도 떠오를 수 없었을 것이다. 그리하여 이미 기획이 완성되어 가던 태교는 잠시 뒤로 하고 유튜버를 대상으로 하는 기획과 진행을 우선적으로 서둘렀으며 마침내 『프로 유튜버에 딱 맞는 목소리 만들기』라는 멋진 책이 두 번째 책으로 독자와 만날 수 있었다. 참고로 두 번째 책부터는 성우 김나연과 후배 성우 선호제와의 공저로 진행되었다.

　한 권, 두 권, 세 권… 이는 각본 없는 드라마였다. 주저주저 시작했던 책 한 권, 분명 그 한 권 이외에 아무런 추가 계획이 없었음에도 첫 번째 책을 통해 두 번째 책의 가능성을, 그리고 다시 세 번째 책의 필요성까지 이어졌다. 이는 마치 볼링에서 제대로 맞은 첫 번째 핀이 넘어지며 곧이어 두 번째 세 번째 핀을 연달아 쓰러트리면서 경쾌한 스트라이크를 만드는 것과 같은 맥락이다. 그런데 여기에서 저자는 무섭도록 놀라운 우연을 발견하게 된다. 첫 권에서 보이스스타일링의 기본을 구축하였다면, 두 번째 책에서는 유튜버의 목소리를 주제로 실용적인 내용을 담았다. 그리고 세 번째 책에서는 태교에서 엄마 아빠의 목소리가 얼마나 중요한지에 대한 부분을 실었다. 치밀하게 계산된 출간 순서가 아니었음에도 각 권의 본질적인 핵심은 보이스스타일링의 다섯 단계에서 나를 찾는 과정, 나를 표현하는 과정, 더불어 함께하는 과정이라는 보이스스타일링의 1, 2, 3 단계와 완벽하게 일치되는 결과를 가져왔다.

필자도 깜짝 놀랐다. 어떻게 이럴 수 있지? 그 어느 누구도 의도하지 않았고, 그 어떤 계산도 없었는데 첫 번째 책이 잉태한 두 번째 책, 세 번째 책은 스스로 자리매김을 하면서 매순간 자신의 가치와 역할을 증폭했던 것이다. 책은 저자의 능력과 필자의 코칭으로 만들어진다고 생각했는데 아니었다. 주어진 활자와 가공된 편집까지 거친 저자 특유의 이야기는 책이라는 결정체를 통하여 오히려 스스로의 생명력을 가질 수도 있다는 사실을 출판 30년 만에 처음으로 인지했던 것이다. 이는 출판사에서 책을 만들 때 절대로 경험할 수 없었던 신비로움이었다.

필자는 김나연 씨의 책 이후 저자와 책 앞에서 더욱 겸손해지는 계기가 되었다. 책은 분명 스스로 자가발전하며 조용히 가치와 역할을 증폭하는 특별한 능력을 가지고 있다. 어쩌면 당신이 생각하는 내 이름의 책 한 권 역시 당신의 생각과 바람을 이미 뛰어 넘고 있을지도 모르는 일이다. 더 늦기 전에 과감히 시도하기를 권한다.

한 권으로 담아낼 수 없는
다양한 이야기

한 권을 쓰기에도 너무 힘이 드는데 어떻게 여러 권을 쓸 수 있을까? 쓰는 건 쓴다 해도 무어 그리 하고 싶은 이야기가 많을까? 당신이 평범한 삶을 살아온 무난한 사람이라면 맞는 말이다. 하지만 삶의 굴곡이 많았다거나, 특별한 성과를 이루었다거나, 스치는 일상에서 세밀한 시선과 기록이 있었다면 쓸 힘은 없어도 할 말은 넘쳐나리라. 할 말이 넘쳐나는데 그걸 가슴에만 품고 있으면 자칫 한이 된다. 책이 무용담의 배출구는 아니지만 최소한 독백의 대나무 숲은 될 수 있다.

생각하는 정원의 성주엽 대표에게 책은 여러 의미가 있겠지만 아마도 맨 처음의 기능은 홀로 품어왔던 30년 독백을 위한 대나무 숲이었을 것이다. 비록 그 독백에 청소부의 겸손과 나무꾼의 지혜와 철학자의 깨달음이 담겨있다 해도 독자가 그의 대나무 숲을 거닐기 전까지 책은 그의 맺힘을 풀어주는 1차적 기능을 수행하기 때문이다. 자신의 독백에 선한 영향력을 담고만 있다면 이때의 기능만으로도 스스로에게는 충분한 만족을 가져다 줄 수 있다. 그런데 성 대표처럼 쌓여진 독백의 크기가 너무 크다면 한 권으로 다 담아낼 수가 없다.

다다익선이라 했다. 적당한 많음은 과함을 예방할 수 있다. 매일 아침 쓸어 모은 나뭇잎처럼 30년 동안 층층이 쌓인 그의 독백은 다음해 봄을 위한 거름으로 충분히 발효되어 있었기에 오히려 한 권이었으면 과했을 뻔 했다. 다행히 세 권으로 적절히 분배되어 과하지 않은 양분으로 가장 아름다운 꽃을 피우지 않았나 싶다. 한 권이었으면 그의 대나무 숲은 너무 과밀하여 그에게도 독자에게도 답답했으리라.

성주엽 대표에게 책이 대나무 숲이었다면 그의 부친 성범영 원장에게 책은 당신의 정원 그 자체이다. 한참 이 책의 탈고를 위하여 마지막 몸부림을 치고 있을 때, 성 원장의 요청으로 생각하는 정원에 다시 다녀왔다. 정원은 언제 봐도 새롭다. 필자에게도 처음에는 눈에 보이는 것만 보이더니 방문 횟수가 늘어날수록 눈에 보이지 않던 것들이 보이기 시작했다. 이 무슨 해괴한 역설이냐 할지 모르겠지만 분명 눈으로, 머리로, 가슴으로 보이는 것들이 많아졌다. 이게 생각하는 정원의 매력인 것 같다.

이번 방문에서는 성 원장과 함께 정원을 둘러보았다. 그에게 정원은 당신의 역사이다. 그는 당신의 역사, 즉 정원의 역사를 담은 화보집의 진행을 재차 부탁하였다. 전기, 수도도 없는 환경에서 척박한 땅을 일구던 1968년부터 중국의 주석을 비롯한 각 국의 수많은 지도자가 다녀가고 세계 주요 언론에서 극찬을 아끼지 않는 현재까지를 몇 권의 책으로 담아내자고 했다. 대나무 숲의 기능과는 차원이 다른 미션이었다. 이것은 독백이 아닌 역사다. 조금은 부담스러운 미션이지만 코디네이터의 보람을 느낄 수 있는 벅찬 미션이기에 감사히 받아들였다.

볼품없던 불모지의 땅이 세계에서 가장 아름다운 정원으로 바뀌는 동안 아버지도 아들도 책 한 권으로 담아내기에는 너무 넘쳐나는 그들만의 다양한 이야기와 치열한 역사가 있었다. 아마도 그 이유로 정원에서 보이는 것들이 자꾸만 늘어나는 것 아니겠는가? 다음에 방문할 때에는 또 무엇이 보일지 벌써부터 궁금하다.

나는 아직 배가 고프다,
지치지 않는 열정

　세계적인 정보공학자로 수십 편의 논문을 학술지에 발표하여 『후
즈 후 Who's Who』인명사전에 등재된 김 교수를 지인의 소개로 만나게
되었다. 그는 이미 일전에 자서전을 출간한 뒤였으나 기획과 홍보에
있어 함께 작업을 진행했던 출판사에 만족하지 못하고 두 번째 책은
기획부터 제대로 진행하고 싶다하여 코디네이터의 도움을 요청하였
다. 보통 자비출판을 통해 책을 낸 경험이 있는 분들 중에는 책의 퀄
리티는 차치하고서라도 출판된 책을 어떻게 처리하지 못해 난감해하
는 경우를 종종 본다. 그리고 자비출판은 아니더라도 출판사가 일정
분량의 책을 저자에게 떠넘기거나 책의 판매를 종용하는 사례도 있
다. 물론 김 교수의 사례는 정확히 그런 입장이었다고 말할 수는 없으
나, 책을 한 권 출간하면서 좀 더 욕심이 생긴 것만은 분명했다.

　두 번째 책으로 김 교수는 블록체인과 암호화폐에 관한 내용을 담
고 싶어 했다. 필자와 미팅을 가졌던 당시에는 이미 블록체인 관련 책
들이 포화상태에 이를 정도로 서점에 쏟아져 나온 상태였다. 게다가
공교롭게도 암호화폐 시장은 그 어느 때보다 차갑게 식어 있었다. 그

래서 그의 말만 듣고 블록체인과 관련된 책을 선뜻 출간해줄 출판사를 찾을 수 있을지 확신이 들지 않았다. 고심 끝에 필자는 책의 방향을 약간 수정하기로 했다. "암호화폐에 대한 대중서로 진행하되 교수님 전공 분야인 4차 산업혁명에 대한 이야기를 앞부분에 제시해보는 게 어떨까요?" 필자의 조언에 김 교수는 눈빛이 번뜩였다. "오, 그거 좋은 생각입니다." 사실 4차 산업혁명은 암호화폐나 블록체인보다 훨씬 큰 담론에 속한다. 큰 담론을 주제로 잡는 건 자칫 위험할 수도 있지만 이 책의 경우에는 독자에게 충분히 다가갈 수 있다고 판단했다.

보통 기획 단계에서 책의 방향을 잡을 때 두 가지를 염두에 두어야 한다. 첫 번째, 책의 주제를 너무 넓게 혹은 너무 좁게 가져가지 말라. 이를 출판계에서 흔히 범위설정 또는 넓은 의미로 포지셔닝positioning이라고 한다. 말 그대로 책의 위치를 잡아주는 작업이다. 책의 주제가 너무 넓으면 이도저도 아닌 맹탕이 되고, 너무 좁으면 시장이 한정되기 십상이다. 사실 이게 말이 쉽지 현실적으로는 무척 난감한 주문이기도 하다. 저자의 역량은 한정되어 있고 시장의 관심은 제한적이기 때문이다. 따라서 대부분의 출판사는 아예 양쪽 극단에 놓인 저자나 원고를 처음부터 거들떠보지 않는다. 어차피 저자에게서 나올 수 있는 원고가 한정적이기 때문에 책의 방향을 조정하기 어렵다는 판단에서다.

두 번째, 현재 출판계의 트렌드를 반보 앞서가라. 사실 첫 번째 주문보다 이 주문이 더 어렵다. 한 해에만도 수만 종의 책이 쏟아지는 마당에 눈에 보이지도 않는 출판계의 트렌드를 정확하게 잡아낸다는 게 그리 말처럼 쉬운 일이 아니기 때문이다. 보통 그해 베스트셀러가 트렌드를 주도한다고 볼 수 있으나, 그 베스트셀러라는 것조차 매우 작위적이거나 종잡을 수 없는 것들이라 트렌드를 잡아낸다는 건 사실 드넓은 사하라 사막 한가운데에서 지나가는 낙타 상인을 찾는 것처럼 불가능에 가깝다. 게다가 그 트렌드를 반보 앞서 가라니…. 하지만 어떤 분야는 매우 뜨겁지만 의외로 관련 서적이 별로 없는 분야가 있고, 어떤 분야는 별스럽지 않은 주제지만 시중에 너무 많은 책들이 나온 분야가 있다. 이럴 경우, 단기 포지서닝이 좀 더 쉬울 수 있다.

　책의 기획은 마쳤는데 또 하나의 문제가 있었다. 바로 김 교수가 구상한 원고가 한 연구원과 함께 공저할 계획이었다는 사실이다. 단독 저자와 공저는 전혀 다른 출판 프로세스를 갖는다. 당연히 코디네이터 입장에서 공저는 단독 저자보다 여러모로 신경 쓸 게 많다. 우선 공저자의 의견을 하나로 모으는 것부터 일이다. 공저자 중에서 대표저자가 나머지 저자들을 규합하여 진행하는 경우라면 문제가 상대적으로 덜하지만, 대부분의 경우에는 동등한 입장에서 원고의 챕터를 나눠 따로 작업을 진행하기 때문에 일단 원고의 문체와 방향부터 중구난방인 경우가 많다.

공저가 갖는 출판의 어려움이 단순히 원고의 문제에만 있는 건 아니다. 일단 공저자 사이의 출판 목적과 이유를 수렴시킬 수 없을 때가 있다. 만나서 이야기를 나눠보면 서로 책에 대한 동상이몽을 갖는 경우가 있다. 한 저자는 단순히 자신의 이름을 알리기 위해 책을 내려고 하고 다른 저자는 책에서 얻는 부수입이 목적이라면, 둘의 상이한 입장을 하나로 모으는 것부터 쉬운 일이 아니다. 공저자끼리 내 이름의 책 한 권에 대한 공집합이 없다면, 출판은 기획 과정에서부터 삐걱거릴 수밖에 없다. 심지어 책을 내기 전과 책을 낸 후가 달라질 때도 있다. 서로 친한 사이였다가 책을 내고 난 뒤 견원지간이 되는 공저자들도 보았다. 물론 김 교수의 경우는 그렇지 않았지만, 완성된 원고를 가지고 편집, 디자인, 홍보까지 일일이 두 공저자에게 모두 동의를 구해야 했다.

그렇게 해서 드디어 그의 책이 세상에 나왔다. 출판사가 마련한 출판기념회 겸 북콘서트에 두 저자가 나서 4차 산업혁명과 블록체인 기술에 대해 강의를 진행했고 시장에서 긍정적인 신호들을 확인할 수 있었다. 이후 김 교수는 여세를 몰아 자신의 건강 습관을 경제학에 빗대어 설명한 『건강혁명』과 온라인 마케팅과 네트워크 마케팅을 함께 비교한 『마케팅 레볼루션』, 우리나라 교육 문제를 심층적으로 파헤친 『교육혁명』을 연달아 내놓았다. 벌써 그의 책은 4권이 되었고 또 다음 책을 구상하고 있음에 그저 놀라울 따름이다. 일전에 김 교수와 함께 술자리를 가질 기회가 있었는데, 그때 그는 자신이 내 이름의 책 한 권을 진행하면서 삶이 매우 고양되고 열정적으로 변했다며 감사의 마음을 표했다. 자신의 버킷리스트에 본래 출판이 1순위에 있었다며 이렇게 꿈을 이룰 수 있게 되어 너무 행복하다고도 했다. 정년을 얼마 남기지 않은 김 교수는 여전히 배가 고프다며 오늘도 연구실의 불빛을 밤늦게까지 밝히고 있다. 그의 열정에 존경을 표한다.

"어쨌든 그게 뭐든 쓰기 시작하라.
물은 수도꼭지를 틀 때까지 흐르지 않는 법이니까."
－루이스 라모르－

책 한 권의 시작과
끝은 기록이다

우리나라에서 『개미』로 스테디셀러 작가가 된 베르나르 베르베르 Bernard Werber는 지독한 메모광으로 유명하다. 매일 자그마한 수첩을 가지고 다니면서 아이디어가 떠오르면 바로 필기구를 꺼내들고 그 수첩에 적는가 하면, 아침에 일어나서 지난밤에 꾼 꿈을 그 수첩에 적어두는 경우도 허다했다고 한다. 베르베르가 가는 곳이면 바늘과 실처럼 언제나 수첩이 동행했으며, 길을 가다 그가 앉는 곳이면 벤치건 지하철이건 어디서나 서재가 되어 작업이 시작되었다. 그렇게 해서 모인 사고의 편린들은 다시 합체와 해체를 거듭하며 새로운 생각들을 잉태하고 거기에서 이질적이고 혼종의 플롯들이 재탄생했다. 베르베르가 자신의 수첩을 얼마나 사랑했는지 2009년 그가 내놓은 『상대적이며 절대적인 지식의 백과사전』은 바로 이런 그의 애착 수첩을 일컫는 다른 표현이라고 할 정도다. 이런 믿을만한 구석, 즉 탄탄한 상상력의 보고資庫가 뒤에 있었기 때문에 오랜 시간 베스트셀러 작가로 명성을 이어나가고 있는지 모른다.

그의 상상력은 작품에서 유감없이 발휘되었다. 유독 한국인들이 그런 그의 발상에 환호했다. 덕분에 그의 대표작 『개미』는 전 세계에서 200만 부가 팔렸는데 그 절반이 국내에서 팔릴 정도였다. 물론 여기에는 출판사의 대대적인 광고와 독자 맞춤 홍보 전략을 활용했던 부분도 한몫 했겠지만, 무엇보다 기본적으로 작가인 베르베르의 기상천외하고 재기발랄한 이야기가 받쳐주었기 때문에 가능했을 것이다. 그리고 그 이야기는 그가 언제나 들고 다니는 수첩의 페이지에 뿌리를 두고 있었다.

손때 묻은 수첩은 비록 사이즈는 작지만 그 안에 담긴 발상이 수백만 달러 이상의 가치가 있을 만큼 거대한 금광을 담고 있던 셈이다. 아마 베르베르의 소설들을 낳은 그 수첩을 손에 넣은 사람은 오랫동안 풀리지 않던 고대의 암호를 해독하는 고고학자처럼 무궁무진한 아이디어 속에서 환상특급 열차를 타고 여행을 즐기는 쾌감을 느낄 것이다. 이번 장에서는 내 이름의 책 한 권을 시작하는 저자가 가장 염두에 두어야 할 것 중에 기록의 가치와 사료史料로써의 출판이 가지는 가치를 살펴보고자 한다.

기록을 풍성하게 하는
자료의 수집

일을 진행하다 보면 아이디어는 있는데 내용이 없는 저자들을 가끔 만나게 된다. 자기 딴에는 너무 재미있고 신나는 주제라도 정작 콘텐츠로 만들어 내기에는 막상 알맹이가 없는 경우다. 안타까운 건 이걸 저자가 모른다는 점이다. 출판에 무지한 저자가 한 권의 책을 출판할 때 필요한 정보량을 알 리가 없다. 단순히 몇 개의 아이디어를 들고 와서 책을 내겠다고 우기면 때로 그를 찬찬히 설득시키는 게 쉽지 않은 이유다.

천리 길도 한 걸음부터라는 말이 있다. 대해로 흐르는 거대한 물줄기도 첩첩산중 수십 킬로미터를 들어가야 만날 수 있는 작은 샘물에서부터 시작하듯이, 수백 페이지가 넘는 내 이름의 책 한 권도 사실 작은 메모 한 장으로부터 출발한다. 레스토랑의 테이블 위에 놓인 보잘것 없는 냅킨 한 장일 수도 있고, 언제 날아갈까 자신의 생각을 급히 적어둔 포스트잇 한 장일 수도 있다. 책을 내기 위해서는 아이디어라는 씨앗이 절대적으로 필요하지만, 그 씨앗을 심을만한 토양이 없다면 아무리 금쪽같은 씨앗이라도 금세 말라버리고 말 것이다. 아이디어라는 씨앗을 심을 수 있는 토양이 바로 수집된 자료다. 자료는 아이디어를 풍성하게 키워주는 토양이자 비료와 같다. 적절한 자료 수집과 편집이 가미될 때 아이디어는 비로소 빛을 발하고 한 권의 책으로 탄생하게 된다.

안타까운 건 많은 저자들이 자료의 중요성을 잘 모른다는 사실이다. "자료는 어디어디 가면 다 있어요. 그걸 가지고 뚝딱뚝딱 쓰면 돼요." "여기 책 몇 권을 보면 자료는 다 나와요." 자료를 단순히 택배 상자를 채우는 충전제처럼 지면을 채우는 글감 정도로 생각하면 이런 일이 벌어진다. 그런 저자에게 탈고를 마친 이전의 다른 원고에서 자료가 얼마만큼의 분량을 차지하는지 형광펜으로 표시해서 보여주면 열에 아홉은 깜짝 놀란다. "어머, 이렇게 자료가 많이 들어가요?" 완성된 책만 보아왔던 저자가 실제 원고를 통해 얼마나 많은 자료가 들어갔는지 보고는 기존 저자들에게 경의를 표하기도 한다.

자료 수집의 중요성은 아무리 강조해도 지나치지 않는다. 소재가 많지 않은 원고의 경우 분량은 둘째 치고 독자에게 흥미와 만족감을 줄 수 없다. 책은 주제와 소재, 편집과 기획이 어우러진 예술품이다. 원고는 아이디어라는 토대 위에 두터운 자료가 놓이고, 그 위에 다시 편집과 기획이 추가되어야 한 권의 책으로 환골탈태할 수 있다. 아이디어는 한 가지 이상의 주제를 의미하며, 자료는 그 주제에 맞는 다양한 에피소드와 내러티브, 경험담 등을 뜻한다. 물론 자료 중에는 직접적으로 주제와 관련된 내용도 있지만, 때로 주제와 명시적인 관련 없이 단순히 독자들의 호기심을 자극하는 내용도 있다. 중요한 것은 원고를 집필하면서 꾸준히 자료 수집을 해야 한다는 사실이다.

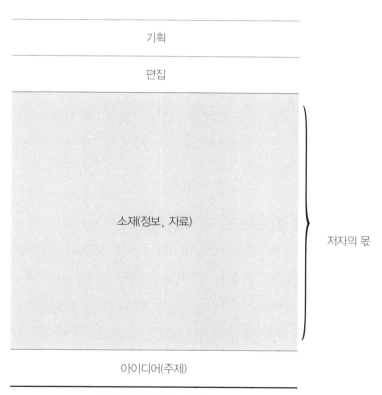

책 한 권을 구성하는 성분들

그렇다면 자료는 어떻게 수집해야 할까? 자료를 수집하는 방법은 크게 '포괄적 채집'과 '집중적 채집'으로 나뉜다. 두 가지 방식의 자료 수집에는 장단점이 극명하게 갈리며 '글을 쓰는 과정이냐' 아니면 '글을 기획하는 과정이냐'에 따라 개중에 선별적 접근이 필요하다. 우선 포괄적 채집은 일상에서 얻어지는 자료들로 특정한 주제를 염두에 두지 않고 관심을 끄는 내용들을 정리하는 방식이다. 이런 자료는 주로 인터넷 서핑이나 신문 읽기, 유튜브 시청 등을 통해 얻어지며 두서없는 방식으로 수집되기 때문에 정리하기가 쉽지 않다. 포괄적 채집은 평소 내가 알지 못하는 다양한 주제에 대한 기초 지식을 얻을 수 있다는 장점이 있는 반면, 포괄적인 형태로 이뤄지다보니 정보의 밀도와 깊이가 부족하기 쉽다. 이런 방식의 채집은 주로 책을 기획하는 단계에서 빛을 발한다.

반면 집중적 채집은 특정한 주제를 염두에 두고 포털사이트에 검색어를 입력하여 확보된 자료들을 정리하는 방식이다. 집중적 채집은 이미 주제가 나오고 기획이 완성된 원고에서 부족한 자료를 검색하는 과정을 말한다. 네이버나 구글 같은 검색 엔진을 이용해서 관련된 자료를 확보하며, 전문적인 논문이나 아티클article을 얻기 위해서는 한국교육학술정보원이 개설한 RISShttp://www.riss.kr나 (주)한국학술정보가 개설한 KISShttp://kiss.kstudy.com, (주)누리미디어가 개설한 디비피아https://www.dbpia.co.kr/ 등이 있다. 집중적 채집 방식은 하나의 주제를 선별하여 자료를 얻기 때문에 자료의 폭이 좁은 반면 내용이 일관되고 구체적인 특징을 갖는다. 훌륭한 원고를 쓰려면 포괄적 채집만으로는 충분하지 않으며 반드시 집중적 채집을 통해 정보의 질을 높여야 한다. 포괄적 채집과 집중적 채집의 특징을 일별하면 다음과 같다.

포괄적 채집	집중적 채집
U형(넓게 파기)	T형(깊게 파기)
원고를 '기획하는' 단계	원고를 '쓰는' 단계
주제 선정 '이전'의 자료 수집	주제 선정 '이후'의 자료 수집
네이버, 구글, 신문, 유튜브 등	전문 아티클, 학술사이트
'포괄적인' 정보 확보가 용이	'전문적인' 정보 확보가 용이
정보의 깊이와 '방향성'이 부족	정보의 넓이와 '다양성'이 부족

포괄적 채집과 집중적 채집의 비교

자료를 수집할 때 또 하나 염두에 두어야 할 것은 1차 자료와 2차 자료를 구분하는 일이다. 1차 자료primary sources는 어떤 주제에 대한 원자료original sources를 의미하며, 저자가 직접 경험하거나 직접 수집한 데이터를 말한다. 이는 일기나 보고서, 일지, 편지 등 1차 텍스트를 말하며, 필요에 따라 자유롭게 원고에 인용될 수 있다. 반면 2차 자료

secondary sources는 1차 자료를 설명하는 자료로써 주로 원자료를 분석하거나 그 분야를 연구하거나 지식을 구하는 사람이 쓰는 자료를 말한다. 관련 논문이나 다큐멘터리, 회의 자료, 에세이, 비평 등이 여기에 속하며, 책에 인용할 때에는 정확한 출처를 밝혀야 한다.

창작의 바탕은 곧 자료 수집에 있다. 김정운 교수의 『에디톨로지』에 보면, 글쓰기에서 자료 수집이 얼마나 중요한지 다음과 같이 말하고 있다. "정보가 부족한 세상이 아니다. 정보는 넘쳐난다. 정보와 정보를 엮어 어떠한 지식을 편집해낼 수 있느냐가 관건인 세상이다. … 오늘날의 지식인은 정보와 정보의 관계를 '잘 엮여내는 사람'이다. 천재는 정보와 정보의 관계를 '남들과는 전혀 다른 방식으로 엮어내는 사람'이다"* 자료 수집이 원고만큼이나 중요하다. 다시 말하지만, 수많은 자료가 저자의 상상보다 기본에 위치하고 있다.

자료를 수집하는 방법

• 모든 매체를 활용하라 – 인터넷, 신문, 유튜브 등
• 검색어를 활용하라 – 네이버, 구글, 디비피아 등
• 편집이 전부다 – 1차 자료와 2차 자료를 구분하라

---

* 김정운, 『에디톨로지』, 21세기북스, p.43

스냅 사진보다 선명한
일상의 메모

원고를 쓰기 위해서는 무엇보다 소재가 필요하다. 소재는 자신의 일상에서 나올 수도 있지만, 어제 읽은 신문 기사나 저번 달에 본 TV 뉴스에서도 건질 수 있다. 즉 언제 어디서나 소재를 찾을 수 있어야 한다는 것. 그렇기 위해서 예비 저자라면 누구나 메모광이 되어야 한다. 위험한 건 자신의 기억력에 대한 과신이다. 김국환은 「타타타」에서 '내가 나를 모르는데 난들 너를 알겠느냐?'고 되물었다. 거의 단기 치매에 가까운 수준의 기억력을 갖고 있으면서 내 이름의 책 한 권을 쓸 수 있다는 만용을 부려서는 안 된다. 때로 어제 벗어둔 양말을 찾는 데 하루 몇 분은 족히 허비하는 우리들이 그제 떠오른 기가 막힌 아이디어가 오늘 다시 망각에서 소환될 확률은 거의 제로에 가깝기 때문이다.

그래서 전문 작가들은 어디를 가나 기획노트를 꼭 가지고 다닌다. 문득 스치고 지나가는 발상과 상상력을 망각의 밑바닥에서 건져내는 거의 유일한 방법은 기록이다. 기록하고 기록하며 또 기록해야 한다. 그 기록의 탑이 하중을 견디지 못하고 스스로 붕괴되는 시점에 가서야 책은 완성된다. 이러한 메모 습관으로 유명한 작가가 두 명 있다. 첫 번째는 김영하다. 그는 어디를 가나 습관처럼 수첩을 가지고 다닌 다고 한다. TV에서 "아이디어는 짜내는 게 아니라 기억해내는 것"이 라고 말한 어느 인터뷰를 본 적이 있다. 아마 계속 단기 기억상실증 으로 망각에서 허우적대는 연쇄살인범 주인공을 토대로 쓴 『살인자 의 기억법』은 그런 자신의 운명을 역설적으로 표현한 작품이 아닐까 한다.

또 한 사람은 수필 「메모광」을 쓴 작가 이하윤이다. 그는 자신의 메 모하는 습관이 글을 쓰고 책을 내는 데 결정적인 힘이 되었노라고 고 백한다. 한때 학생들이 배우는 국어책에도 실린 그의 글을 일부 들여 다보자. "나의 메모광적인 버릇은 나의 정리벽에도 많은 도움을 주었 다. 요컨대, 내 메모는 내 물심양면의 전진하는 발자취며, 소멸해 가 는 전 생애의 설계도이다. 여기엔 기록되지 않는 어구의 종류가 없다 해도 과언이 아닐 만큼 광범위한 것이니, 말하자면 내 메모는 나를 위 주로 한 보잘 것 없는 인생 생활의 축도縮圖라고도 할 수 있는 것이다. 쇠퇴해 가는 기억력을 보좌하기 위하여, 나는 뇌수의 분실分室을 내지 않을 수 없었던 것이다."

정확한 정보

정확한 정보는 기본이다. 편집 과정에서 틀리거나 부정확한 정보들이 편집자에 의해 어느 정도 걸러지기는 하지만, 애초에 적재적소에 정보를 활용하기 위해서는 어느 정도 정보의 정확함을 유지해야 한다. 우리나라 출판계의 현실상 어려운 조건에서 일하는 편집자들의 작업 환경을 유념할 필요가 있다. 한 명의 편집자가 일관된 집중력을 갖고 볼 수 있는 원고의 분량은 한정되어 있다. 백짓장도 맞들면 낫고 머리도 맞대면 좋다. 한 명의 편집자보다는 두 명의 편집자가, 두 명의 편집자보다는 팀으로 움직이는 편집자들이 훨씬 원고를 꼼꼼하게 볼 수 있을 거라는 사실은 두말하면 잔소리다. 그렇게 편집팀이 책임감을 갖고 크로스로 꼼꼼하게 원고를 읽으며 문제가 되는 정보들을 제대로 고쳐나간다 해도, 그 부분에 더 많은 지식을 갖고 있는 한 명의 저자가 가진 안목을 절대 뛰어넘을 수 없다.

대표적인 사례가 있다. 우리나라에서 축구해설가로 이름이 높은 한 저자가 자신의 책에서 '스렉코비치'라는 세르비아 출신의 수비수를 언급했던 사례다. 출판계에서는 역대급 사고로 악명 높은 이 사례는 그 해설가가 책에서 '스렉코비치'라는 축구선수(실제로 스렉코비치라는 선수는 따로 있다고 한다)를 언급하는 과정에서 발생했다. 저자는 본문에서 그가 양팔이 없는 프로 축구선수라며 신체의 장애를

딛고 오로지 축구가 좋아 세계적인 프로리그에 뛰는 영광을 안았다고 당당하게 밝혔다. 그러면서 친절하게도 그 선수가 필드에서 공을 가지고 드리블하는 사진도 함께 올렸는데, 그의 주장처럼 사진 속 축구선수에게는 어깨 아래로 두 팔이 없는 상태였다. "선수로 필드를 누비는 세르비아의 스무 살 청년 네나드 스렉코비치는 이렇게 말했다. '장애를 극복한 사람들을 보며 꿈을 포기하지 않는 법을 배웠습니다. 나도 다른 사람에게 꿈을 주고 싶습니다.' 열정, 그것은 기억의 시작이다."

편집자가 편집 과정에서 이 문제되는 내용을 걸러주었다면 얼마나 좋았을까? 편집자가 '축알못'이었는지 원고 그대로 책은 나왔고, 서점에 그대로 배포되었다. 다음 날, 한 축구 전문가가 낸 그 책 때문에 축구계는 그야말로 벌집을 쑤셔놓은 것처럼 난리가 났다. 내용은 이랬다. 온라인에서 공교롭게 착시로 인해 두 팔이 몸통에 가려진 축구선수 바스타의 사진을 가지고 한 네티즌이 '두 팔 없는 인간승리의 장애인 축구선수' 스렉코비치 스토리를 만들어냈고, 이후 그 가상의 인물에 많은 네티즌들이 가세해서 이런저런 눈물겨운(?) 스토리를 주렁주렁 달았던 것. 사실 축구동호회 사이트에서 스렉코비치 이야기에 더 그럴듯한 내용을 추가하는 게 하나의 밈meme이 될 정도로 이미 알 만한 사람은 다 아는 장난이었다. 이런 단편적인 사실관계조차 확인하지 않고 그대로 책에 실린 건 편집자의 실수를 넘어 저자의 어설픈 자료 조사가 가져온 참사였다. 이후 저자는 발 빠른 사과를 했지만, 해설가로서 그의 신뢰도는 한 없이 추락할 수밖에 없었다. 온갖 축구 사이트 회원들은 그의 실수를 애교(?)로 넘기지 않고 틈만 나면 물고 뜯고 가지고 놀았다. 실지로 장본인이 출전한 경기 중에 한 캐스터가 "스렉코비치, 양손으로 스로인하네요?"라며 농담을 할 정도였다. 단 하나의 부정확한 정보로 인해 내 이름의 책 한 권이 그의 커리어에 날개를 달아준 게 아니라 도리어 비상하려고 퍼덕이던 날개를 부러뜨린 격이었다.

출판계에서 이런 비슷한 사례는 얼마든지 더 있다. 유대인 하브루타 교육법에 관해 설명해주는 책에서 애플의 수장 스티브 잡스가 버젓이 유대인으로 등장하는가 하면(스티브 잡스의 친부는 도리어 무슬림 출신이며 잡스는 평생 일본 선불교에 심취한 불교도였다), 이름만 대면 누구나 알만한 꽤 유명한 심리학자의 책에 지그문트 프로이트가 독일 사람으로 둔갑된 채 그의 글이 인용되기도 한다(프로이트는 독일을 앙숙으로 여겼던 오스트리아계 유대인이었다). 다양한 정보의 취합과 함께 동시에 전문성이 요구되는 이유가 바로 이 때문이다. 내 이름의 책 한 권을 쓰면서 '많은 정보'를 가지고 오는 것도 중요하지만, '정확한 정보'를 가지고 오는 건 더 중요한 일이다. 그래서 출판기획자는 정보의 가치는 양보다 질로 봐야 한다고 누누이 말한다. 편집자가 교정을 볼 때 실수들을 잡아낼 거라고 과신하지 말자. 책을 쓰는 분야에 있어 가장 잘 아는 사람은 편집자가 아닌 저자 자신이다.

메모의 습관

내 이름의 책 한 권을 쓰기 위해 반드시 메모광이 될 필요는 없다. 하지만 책을 쓰겠다고 결심을 굳힌 이후로 평소에 자신의 생각들을 꼼꼼히 정리하고 불현듯 떠오르는 단상들을 메모하며 필요한 내용들을 찾아보는 노력도 하지 않고 저자가 될 수는 없다. 시쳇말로 글재주가 부족한 것은 이해할 수 있지만, 자료와 소재가 부족한 것은 용서할 수 없다. 누구도 자신의 삶을 온전히 알 수 없으며 자신을 대신해주지 않기 때문이다. 하다못해 대필작가를 구한다고 해도 자신의 삶이 담긴 자료와 소재가 없으면 그가 내 원고를 100% 써줄 수 없다. 게다가 내가 아닌 다른 사람이 어렵사리 원고의 100%를 임의로 가공하여 쓴다면 그 결과물이 진정한 의미의 내 이름의 책 한 권이라고 부를 수 있을까?

그렇다면 어떻게 평소 메모를 남길 수 있을까? 필자가 국내에서 활동하는 많은 작가들을 만나고 내린 결론은 등단한 지 수십 년이 지난 저자라도 어디를 가든지 항상 손에 메모장이나 수첩을 들고 다닌다는 점이다. 좋은 발상과 아이디어는 때와 장소를 가리지 않는다. 생각이 떠오를 때 바로 남겨두지 않으면 흔적도 없이 사라지는 게 인간의 기억력이다. 저자도 똑같다. 이런저런 문학상을 받은 일류작가나 소설가의 창작에는 엄청난 비밀이 따로 있지 않다. 그저 생각의 끈을 놓지 않기 위해 매일 메모를 남기는 것이 전부다. 요즘에는 시대가 좋아져서 녹음기를 들고 다니는 저자도 있고, 휴대폰에 녹음 기능을 활용하는 이들도 있다. 그래도 여전히 수첩을 들고 다니며 손수 글을 남기는 저자가 훨씬 많다. 그 이유는 그것이 그들에게 이미 하나의 창작 습관으로 굳어졌기 때문이다.

또한 텍스트만 메모가 될 수 있는 건 아니다. 자료를 찾아 산기슭을 어슬렁거리는 저자들에게는 모든 재료가 다 좋은 글감이 될 수 있다. 발상을 주거나 화두를 던지는 장면을 찍어두거나 영상으로 남기는 것도 좋은 방법이다. 요즘처럼 기록물로 사진과 영상을 남기는 게 수월한 때는 역사적으로 없었다. 문명의 이기를 적절히 활용하면 텍스트뿐만 아니라 음성이나 사진, 영상 등도 얼마든지 메모화할 수 있다. 메모를 남기는 것만큼 중요한 일이 있는데, 그것은 바로 메모를 정리하는 것이다. 매일 밤 잠들기 전 메모에 날짜를 부여하고 메모 아래에 간략한 설명과 단상을 적어두면 나중에라도 원고를 쓸 때 기억을 환기시키는 데 도움을 받을 수 있다.

    티끌 모아 태산이라는 말이 여기에 해당한다. 메모가 쌓여 책 한 권이 되는 기적은 경험해 본 사람이 아니면 알 수 없다. 오스트리아의 철학자 비트겐슈타인은 그러한 메모의 위대함을 몸소 실천한 인물이다. 그는 1차 세계대전의 틈바구니 속에서 자신의 철학적 화두를 날카롭게 다듬었다. 때로는 총알이 빗발치는 참호 속에서 때로는 전투가 소강상태에 들어간 틈을 이용하여 메모를 남겼고, 전후 그 메모를 긁어모아 『논리철학논고』라는 철학사에 길이 남을 책을 완성했다. 그가 패전국 포로가 되어 수용소에 수감되었을 때도 그 메모들을 버리지 않고 신주단지 모시듯 가지고 다녔다고 한다. 그가 그토록 금이야 옥이야 애지중지했던 메모 뭉치 속에서 20세기 언어철학의 놀이터에 핵폭탄과 같이 빛나는 문장이 탄생했다. "말할 수 없는 것에 대해서는 침묵해야 한다." 그렇게 그는 전쟁의 한복판에서 수첩을 펼쳐 들고 불현듯 떠오르는 철학적 단상을 끼적거렸다.

우리는 누구나 거창하게 비트겐슈타인이 될 수 있는 능력을 가지고 있는 건 아니다. 다만 틈틈이 떠오르는 생각들의 갈피들을 부여잡고 이를 메모장에, 때로는 읽던 책 한 귀퉁이에, 때로는 식당 냅킨에 적어둘 수 있는 순발력쯤은 모두 가지고 있다. 멋진 원고, 베스트셀러가 될 만한 원고는 하늘에서 뚝 떨어지지 않는다. 오늘 내가 남긴 작은 아이디어 한 조각이 모이고 모여 큰 퍼즐이 채워지는 것이다. 명심하라. 매일 길거리에서 주운 메모 조각 하나하나가 결국 빵부스러기를 주운 헨젤과 그레텔처럼 나를 원하는 목적지로 데려다줄 것이라는 사실을.

스스로를 제어하는
규칙적인 글쓰기

글쓰기는 흔히 산고産苦에 비유된다. 그만큼 저자에게 고통스럽고 지난한 과정이 기다리고 있다는 뜻이다. 글을 쓰는 고통은 대부분의 유명 작가들조차 토로한다. 『파리의 클로딘』을 쓴 프랑스의 소설가 시도니-가브리엘 콜레트Sidonie-Gabrielle Colette는 "글쓰기는 무한한 기쁨이자 끝도 없는 고통이었다."라고 고백했다. 여성이었기 때문에 자신의 이름을 드러내지 못하고 한 동안 유명인의 대필작가로 활동했던 그녀는 내면의 이야기를 글로 풀어내는 과정이 살을 저미는 것 같이 고통스러웠다고 회고한다. 『이방인』, 『페스트』의 작가 알베르 카뮈 Albert Camus 역시 글쓰기의 고통에 대해 이렇게 술회했다. "글을 쓰기 위해서는 얼마나 많은 고통을 치러야 하는가! 적어도, 화가는 소재를 붙잡게 되면 그 소재에 곧장 다가갈 수 있고, 자기 정신 속에 있는 것을 재빨리 현실화할 수 있는데…."

글쓰기는 단순히 자신의 감정을 털어 넣는 작업이 아니다. 도리어 감정을 꺼내는 작업일지 모른다. 글쓰기는 차치하고서라도 대부분의 사람들은 감정을 꺼내는 데 익숙하지 않다. 그래서 어떻게 해서든 혼자 써보겠다고 수개월 원고지를 붙들고 씨름하다가 결국 포기하고 출판을 단념하는 이들이 적지 않다. 메모 뭉치가 늘고 아이디어들이 쌓여도 책상머리에 앉아 글을 쓰지 않는다면 원고는 만들어지지 않는다. 내 이름의 책 한 권은 절대 다윈의 진화론처럼 '우연히' '저절로' 만들어지지 않는다. 창조론처럼 지적 설계자인 저자에 의해 '의도적으로' '공들여' 만들어지는 것이다.

무조건 써라

그렇다면 어떤 방법이 있을까? 글쓰기 습관을 들이는 것이다. 글쓰기는 어느 한 순간에 늘지 않는다. 매일 단 한 줄이라도 꾸준히 쓰다 보면 전체적으로 글에 뼈가 들어서고 살이 붙는 경험을 하게 된다. 중요한 건 어쨌든 쓰는 것이다. 잘 쓰려고, 멋있게 쓰려고 하다 보면 단 한 줄의 문장도 쓰지 못할 수 있다. 하루에 일정한 시간을 정해놓고 한 페이지라도, 아니 반 페이지라도 꾸준히 쓰는 습관이 중요하다. 어느 정도 시간이 흐르며 글쓰기 훈련이 되고 나면 하루에 서너 페이지 쓰는 게 어렵지 않다. '첫술에 배부르랴.'는 속담을 명심하고 '천 리 길도 한 걸음부터'라는 명언을 기억하며 하루 정해진 시간 내에 자리에 앉아 글을 써야 한다.

공상과학소설의 대부로 불리는 작가 아이작 아시모프_{Isaac Asimov}는 "나에게 글쓰기란 단순히 손가락들을 가지고 사고하는 것에 불과하다."고 말했다. 글쓰기의 실행이 얼마나 중요한지 말해주는 문장이다. 습관처럼 손가락을 들어 자판을 두들겨라. 내가 쓴 최악의 글이 내가 쓰지 않은 최고의 글보다 낫다. 머리로는 천 리를 달리고 만 리를 날아도 정작 오늘 자리에 앉아 가부좌를 틀고 노트북에 직접 손가락을 놀려 타자로 친 몇 마디 문장의 파급력이 훨씬 더 멀리 간다. 생각을 단어로, 단어를 문장으로, 문장을 문단으로 늘려나가는 건 생각으로 되는 게 아니라 습관으로 되는 것이다. 초고는 열정으로 쓰고 탈고는 이성으로 하라. 아무런 소재를 찾지 못해도 일단 앉아서 아무거나 써라. 내 어린 시절 동무의 이야기도 좋고, 어제 먹었던 카레우동에 대한 기억도 좋다. 글을 쓰면서 점점 의식의 한계를 벗어나 감정이 풀어지는 경험을 하게 된다.

헤밍웨이는 매일 아침 일찍 일어나 규칙적으로 글을 쓴 대표적인 작가다. "나는 책을 쓸 때에는 가능한 한 아침마다 쓰려고 했다. 그 시간에는 나를 방해할 사람이 아무도 없었기 때문이다." 헤밍웨이는 매일 6시에 기상해서 타자기 앞에 앉아서 타자를 쳤고 정오쯤 밥을 먹으러 자리에서 일어나는 삶을 살았다. 매일 여섯 시간 정도는 꼬박 앉아서 글을 썼다는 이야기가 된다. 대표적인 아침형 작가였던 그는 자신의 아이디어가 날아가기 전에 바로 글을 쓰는 걸 철칙으로 삼았다. 조앤 K. 롤링 역시 밤에 꿈을 통해 보았던 판타지의 세계를 아침에 일어나 바로 자판을 두들겨 기록으로 남겼다. 그녀의 그런 습관은 21세기 최고의 베스트셀러로 꼽히는 『해리포터 시리즈』를 낳았다. 『양철북』으로 노벨문학상을 수상한 독일의 전설적인 작가 귄터 그라스Günter Grass도 "밤에 쓴 글은 너무 쉽게 씌어 믿기 힘들기 때문에 절대 밤에 작업하지 않는다."고 밝혔다.

반대로 야행성 작가도 있다. 『설국』으로 노벨문학상을 수상한 일본의 소설가 가와바타 야스나리川端康成는 대표적인 야행성 작가였다. 근현대 일본 문학에서 빼놓을 수 없는 작가로 오늘날까지 사랑을 받고 있는 야스나리는 밤에만 글이 써지는 자신을 한탄하며 매일 밤 서재에 등불을 밝힌 것으로 유명하다. 그의 대표작 『설국』의 첫 문장은 다음과 같다. "국경의 긴 터널을 빠져나오자, 눈의 고장이었다. 밤의 밑바닥이 하얘졌다. 신호소에 기차가 멈춰 섰다." 『변신』으로 유명한 독일의 작가 프란츠 카프카Franz Kafka 역시 밤에 소설을 썼다. 낮에는 정부 말단 공무원으로 일하면서 오후 2시쯤 퇴근하고 귀가한 후 3시부터 7시 반까지 잠을 자고 밤 11시경부터 일어나 3시간쯤 글을 쓰다가 다시 잠자리에 들었다고 한다. 그가 쓴 소설 대부분은 이렇게 밤에 탄생했으며, 심지어 그의 대표작 『변신』은 하룻밤 만에 완성한 것으로 알려져 있다. 그가 밤을 선호했던 건 그의 창작 활동을 배려하지 않고 수시로 시끄러운 소리를 내던 가족들을 피해 자정이 되어서야 가장 조용한 시간을 확보할 수 있었기 때문이다.

헤밍웨이식 글쓰기	카프카식 글쓰기
아침형 작가	야행성 작가
전업형 글쓰기	부업형 글쓰기
주변 방해물과의 싸움	내적 잡념과의 싸움
공간을 절대화할 필요↑	시간을 절대화할 필요↑
분석적, 이성적 글쓰기에 적합	감성적, 직관적 글쓰기에 적합
계획서, 논픽션, 르포르타주	소설, 픽션, 시나리오

헤밍웨이식 글쓰기와 카프카식 글쓰기 비교

여러분들은 헤밍웨이 스타일인가, 아니면 카프카 스타일인가? 무엇이 더 좋다고 단정할 수 없다. 아침형이든 야행성이든 어쨌든 자신만의 루틴을 갖고 습관적으로 글을 쓰는 게 중요하기 때문이다. 개인적으로 필자는 후자에 더 가깝다. 주변에 어둠이 짙게 내려앉고 만물이 고요해질 때면 내면에 웅크리고 있던 창작의 본능이 솟아나기 때문이다. 시간과 공간을 정하는 것은 글을 쓰는 데 매우 중요한 기준이 된다. 사람이란 정향orientation의 동물이다. 본능적으로 동서남북 방위를 몸으로 느끼고 시간의 추이를 지각하며 그에 따라 활동하는 동물이다. 정해진 시간에 따라 삼시 세끼 밥을 먹고 정해진 길을 걸어 출퇴근하며 정해진 방식에 따라 삶을 살아간다. 이를 보통 루틴routine이라고 한다. 루틴을 정하는 건 삶에 규칙성을 부여하여 창조성을 얻기 위한 인간의 주도적 행보다. 따라서 정확한 시공時空의 정향과 시간의 누적은 글쓰기에 필수적 전제가 된다. 이랬다저랬다 하지 말고 늘 '정해진 시간' '정해진 곳'에 앉아서 글을 써라!

꾸준히 써라

또 하나 명심할 것은 아침에 쓰든 밤에 쓰든 시간만큼 중요한 게 꾸준히 쓰는 것이다. 글은 시간의 누적을 통해 얻어진다. 필자는 이 글쓰기의 꾸준함을 이야기하면서 늘 영화 「쇼생크 탈출」의 예를 든다. 영화는 미국의 국민작가 스티븐 킹의 『리타 헤이워드와 쇼생크 탈출』이라는 소설을 원작으로 제작되었는데, 소설 속에 등장하는 주인공 앤디 뒤프레인은 아내와 정부情夫를 죽였다는 누명을 쓰고 악명 높은 쇼생크 교도소에 갇히게 된다. 그는 19년 동안 장식용 조각망치를 가지고 굴을 파서 탈출한다. 그는 지질학에서 중요하게 판단하는 단 두 가지의 방식, 압력과 시간만 가지고 하루에 수십 인치씩 꾸준히 벽을 파들어 갔다. 글쓰기도 마찬가지다. 압력과 시간! 이 두 가지가 매우 중요하다. 일정한 시간에 걸쳐 일정한 분량의 글이 쌓이면 비로소 압력이 발생한다. 누적의 힘은 가장 무서운 폭발력을 갖는다.

다른 인간의 지적 활동처럼 글쓰기 역시 시간의 누적을 통해 실력이 향상되는 대표적인 분야다. 미국 플로리다주립대의 안데르스 에릭슨Anders Ericsson 교수는 소위 '1만 시간의 법칙'을 내세웠다. 그게 글쓰기든 바이올린 연주든 어떤 분야든 간에 전문가가 되기 위해서는 최소한 1만 시간의 집중적인 훈련이 필요하다는 말이다. 이 개념은 이후 미국 경영학계의 구루로 칭송받는 말콤 글래드웰Malcolm Timothy Gladwell의 저서 『아웃라이어』에서 인용되며 대중들에게 널리 알려졌다. 글쓰기 시간을 가로놓으면 거기서 압력이 발생한다. 처음에 잘 뭉쳐지지 않던 눈덩이가 일정한 부피로 커지면 무게로 인해 기하급수적으로 눈이 달라붙게 되고 삽시간에 커다란 눈사람으로 변신한다. 비행기가 활주로를 이륙하기 위해서는 엔진을 최대출력으로 끌어올린 상태에서 한 방향으로 지속적인 질주를 감행해야 한다. 명심하라. 모멘텀momentum을 살리는 글쓰기는 꾸준함이 생명이라는 것을.

뒤에서 언급하겠지만, 꾸준한 글쓰기의 복병 중 하나는 완벽주의라는 괴물이다. 완벽한 문장, 유려한 문장, 멋진 문장을 염두에 두다 보니 단 한 줄도 앞으로 나아가지 못하는 저자들이 많다. '좀 더 멋진 문장이 없을까?' '왜 이렇게 내 글은 맹탕 같을까?' 글쓰기에 대한 완벽주의는 어느덧 자신에 대한 자책으로 점차 커져만 간다. 어느 단계에 이르러서는 더 이상 글쓰기가 재미도 없고 감동도 없는 고역이 되어버린다. 그런데 사실 완벽주의의 이면에는 오만함이 있다는 걸 예비 저자들은 잘 모른다. 창작혼을 불사르던 이전의 자신은 온데간데없고 자신의 욕심과 아집만 시퍼렇게 살아서 스스로에게 납득되는 글이 나올 때까지 자신을 다그친다. 초발심初發心을 잃어버린 저자의 원고는 노트북 안에서 한 줄도 보태지지 않은 채 그렇게 한 달 두 달 먼지만 쌓여 간다. 쓰기 시작했다면, 꾸준히 써라. 괴테의 말처럼, '서두르지도 않고, 그렇다고 쉬지도 않고Without hasted, without rested' 글을 쓰는 것이 내 이름의 책 한 권을 꿈꾸는 예비 저자가 지녀야 할 최고의 미덕이다.

내 이름의 책 한 권을 쓰는 법칙

- 닥치고 써라 – 쓸 게 없어도 일단 앉아서 쓴다.
- 정해서 써라 – 시간을 정해서 습관적으로 쓴다.
- 꾸준히 써라 – 쌓일 때까지 일관성 있게 쓴다.

살아온 모습으로 기록하고,
기록하는 내용으로 살아가라

　1994년 12월 18일. 바로 이날 인류 역사에 가장 위대한 발견 중에 하나가 이루어졌다. 장 마리 쇼베Jean Marie Chauvet를 포함한 세 명의 동굴 탐험가들이 프랑스 남부의 아르데쉬 협곡에서 기원전 3만4,000년의 것으로 추정되는 쇼베 동굴을 발견했다. 이 동굴의 발견이 특히 흥미로운 것은 동굴 벽면에 사자와 코뿔소, 곰, 표범 같은 수많은 동물들이 생동감 있게 그려져 있다는 사실이었다. 그림의 완성도는 이전 알타미라 동굴이나 라스코 벽화만큼 뛰어나다는 게 학계의 평가다. 3만년 전 빙하기, 매머드와 회색곰 같은 맹수들이 돌아다니는 엄혹한 시대에 지하 동굴에 숨어든 원시 인류가 자신이 본 세상의 사물들을 그림으로 남겼다는 사실은 보는 이로 하여금 전율케 한다. 세계에서 가장 오래된 캔버스에 가장 오래된 그림을 남긴 이들은 과연 누구였을까? 왜 이 기록을 남기고자 했을까?

　사람은 누구나 기록을 남기고 싶어 한다. 자신의 이름 석 자가 들어간 제품이나 작품을 남기고 뿌듯함을 느끼는 건 오로지 인간만이 갖는 독특한 감정이다. 자신의 이름을 남기는 방식은 저마다 다양하다.

개구리의 다리 근육이 가까이에 있는 기전기의 방전에 부응하여 경련을 일으킨다는 것을 관찰하고 전기에다 자신의 이름을 갖다 붙인 갈바니Luigi Galvani가 있다. 근위축성측색경화증을 뜻하는 루게릭병은 명예의 전당에 최연소로 올랐던 메이저리거 루 게릭Lou Gehrig이 앓았던 질병에서 유래했다. 우리나라 체조의 일인자 양학선은 도마 기술을 선보이며 2012년 런던올림픽에서 당당히 금메달을 땄다. 그는 자신의 독자적인 기술에 '양학선'이라는 이름을 붙였다. 이처럼 자신의 이름으로 명명하는 건 인간이 그만큼 후세에 자신의 업적을 남기고 싶어 하는 욕구가 있다는 사실을 방증한다. 자칫 그런 욕구가 지나쳐 가끔씩 파리 에펠탑에서부터 캄보디아 앙코르와트에 이르기까지 세계 유서 깊은 관광지 벽면에 화려한 낙서를 (그것도 한글로) 끼적거리는 만행을 저지르기도 하지만 말이다.

이름을 남기는 가장 확실한 방법 중 하나는 바로 내 이름의 책 한 권을 쓰는 일이다. 자신의 이름이 들어간 책을 내놓는 순간, 세상에 이름을 남길 수 있다. 책으로 이름을 남기는 것은 납본과 배본을 통해 세상에 알려지는 것뿐만 아니다. 내가 낸 책을 통해 강연과 활동의 기회가 생겨난다. 그 분야의 전문가가 되면서 더욱 이름을 알리게 되고 사회적으로 명사가 될 수 있다. 결국 책을 한 번 내놓게 되면 출판이 이 세상에서 가장 비용이 적게 드는 자기 홍보 수단임을 알게 된다. 게다가 책이 주는 아우라도 무시할 수 없다. 다른 홍보 수단보다 격조 있고 세련된 자기 PR이 가능하다. 건조하게 명함을 건네는 것보다 자신이 쓴 책을 한 권 선물로 주면 상대방에게 얼마나 멋진 만남으로 기억될 것인가?

책은 살아온 모습으로 기록하고, 기록하는 내용으로 살아가는 새로운 첫걸음이다. 대부분의 명사들에게 인생의 모토로 삼을 만한 가장 근사한 버킷리스트가 내 이름의 책 한 권인 이유다. 책을 내고 명사가 되는 일과 명사이기 때문에 책을 내는 일, 무엇이 더 쉬울까? 아마 답은 내 이름의 책 한 권을 내본 저자만이 직접 알 수 있을 것이다. 결론적으로 내 이름의 책 한 권을 쓰는 것은 내 인생을 기록으로 남기는 일이며, 그 기록은 다시 내 삶의 이정표와 좌표가 되어 앞으로 나아갈 수 있는 기준이 된다. 그렇기 위해서는 일단 자리에 앉아 글을 쓰는 습관의 중요성, 일정한 시간과 장소를 정해 글을 쓰는 규칙성, 어떤 일이 있어도 꾸준히 반복적으로 글을 쓰는 일관성이 요구된다. 이제 다음 장에서 구체적으로 원고를 기획하고 글을 쓰는 과정을 살펴보도록 하자.

"작가가 눈물을 흘리지 않는다면 독자도 눈물을 흘리지 않는다.
작가가 놀라움을 느끼지 못한다면 독자 역시 놀라움을 느끼지 못한다."
—로버트 프로스트—

07

틀을 거부하고
가지 않은 길을 선택하라

　헤밍웨이에게 퓰리처상과 노벨문학상을 안겨주었던 작품 『노인과 바다』는 글쓰기에 있어 글감의 중요성을 말해주는 좋은 사례다. 쿠바의 아바나에서 차로 30분 정도 달리면 닿는 자그마한 어촌마을 꼬히마르에서 어느 날 헤밍웨이는 그의 오랜 친구이자 자신의 배를 맡겼던 그레고리오 푸엔테스Gregorio Fuentes에게 문학사에 있어 길이 남을 만한 흥미진진한 이야기를 듣게 된다. 바다에 나가 53일 동안 한 마리 물고기도 잡지 못해 절망하며 돌아오던 길에 큰 물고기 여섯 마리를 잡아 신났지만 선미에 묶어둔 물고기들을 상어들에게 모조리 뜯기고 빈손으로 돌아왔다는 이야기. 헤밍웨이는 직감적으로 그 이야기에서 번뜩이는 아이디어를 얻는다. "이 이야기 내가 사겠소." "그럼 오늘 술이나 한 잔 사든지."

훗날 그 이야기를 배경으로 쓴 『노인과 바다』는 헤밍웨이 인생에 정점을 찍는 초대박을 기록한다. 『무기여 잘 있거라』와 『누구를 위하여 종은 울리나』로 소설가로서 연달아 평단의 호평과 상업적 성공을 거두었던 헤밍웨이는 결국 『노인과 바다』로 1953년 퓰리처상을, 1954년에는 노벨문학상까지 수상했다. 독보적인 20세기 중반 영미 소설가로 우뚝 선 것이다. 특유의 하드보일드한 그의 문체는 고난의 수수께끼 앞에 선 고독한 인간의 운명을 마치 흑백사진을 보는 것처럼 사실감 있게 그렸다. 퇴고하기 전 『무기여 잘 있거라』 원고를 39번이나 고쳤다는 그는 작품에 있어서는 집착에 가까울 정도로 완벽을 추구했다고 알려져 있다.

그럼 정작 헤밍웨이에게 자신의 이야기를 팔았던 푸엔테스는 어떻게 되었을까? 정확한 사료로 남아있지는 않지만, 전설과 같은 이야기가 전해진다. 『노인과 바다』로 큰 성공을 거두고 쿠바로 금의환향한 헤밍웨이는 여전히 자신의 배를 타고 낚시로 생활하는 푸엔테스를 찾아가 조용히 봉투를 건넸다고 한다. 봉투 안에는 자신에게 이야기를 팔았던 푸엔테스에게 주는 상여금과 같은 성격의 돈이 들어 있었다. 세어보니 2만 달러의 거금이었다. 놀라는 그에게 헤밍웨이는 이렇게 말했다고 한다. "이걸로는 약소하겠지만, 이야기 값이라 생각하고 받아두시오." 당시 돈으로 2만 달러는 미국에서 일반 노동자의 7년 치에 해당하는 급여였으며, 고급 자동차 12대, 번듯한 집 2채를 살 수 있는 돈이었다고 한다. 쿠바에서 2만 달러는 이보다 훨씬 더 큰 금액이었을 게 분명하다.

1961년, 헤밍웨이가 엽총으로 자살하여 세상을 떠났을 때, 푸엔테스는 친구를 잃은 충격과 고통으로 다시는 낚싯배를 타지 않겠다고 다짐했다고 한다. 대신 그는 전 세계에서 헤밍웨이의 숨결을 느끼려 자신의 집에 찾아온 여행객들에게 사진을 함께 찍어주는 일로 10달러에서 20달러를 받으며 여생을 보냈다. 푸엔테스는 평생 시가를 즐겨 피던 애연가였지만 104세까지 장수를 누렸다. 하지만 정작 헤밍웨이의 『노인과 바다』는 읽지 않았다고 전해진다. 아마 자신의 이야기라 뻔하다 생각했던 것일까?

그에게는 뻔한 이야기였을지언정 헤밍웨이에게는 자신이 가지 않은 길이었기에 과감히 받아들여 자신의 글로 자신의 길을 만들었다. 내 이름의 책 한 권도 마찬가지이다. 내 삶의 길이어도 좋고 타인의 길이어도 좋다. 길에는 언제나 깨달음이 있다. 더욱이 소재가 당신의 길이라면 방법은 가지 않은 길을 선택하는 것이 더욱 좋다.

글쓰기에
정해진 방향은 없다

헤밍웨이는 말했다. "삶에 대해 쓰기 위해서는 먼저 삶을 살아야 한다." 때로 글을 쓰는 것이 어렵게 느껴진다면 어쩌면 삶에 대해 쓸 것이 하나도 없기 때문인지도 모른다. 무언가를 쓸 만큼 삶의 내용을 갖고 있지 않기에 책상에 앉으면 갑자기 머리가 하얗게 백지로 변하는 것이다. 쓰기 위해서 작가는 먼저 삶을 살아야 한다. 그런 점에서 글쓰기의 핵심은 하우how에 있지 않고 왓what에 있다. '어떻게 쓸까'는 보통 기술적인 부분을 다루며, 이는 시간과 경험이 쌓이면서 자연스럽게 해결된다. 문제는 '무엇을 쓸까'다. 글의 방식이나 문체, 문장의 기교로 해결되지 않는 게 바로 글감이다. 세상 모든 게 주제가 될 수 있고, 또 모든 주제가 글의 형태로 표현될 수 있다. 내가 직접 겪었던 이야기도 좋지만, 헤밍웨이처럼 지나가다가 들었던 이야기, 아니면 친구나 지인으로부터 전해들은 이야기도 좋다.

그렇다고 모로 가도 서울만 가면 된다는 식의 발상은 곤란하다. 글쓰기에서 왓은 쉽게 찾을 수 있지만, 정작 하우는 상당한 시간과 경험을 통해 서서히 얻어지는 것이기 때문이다. 그냥 쓰라고 해서 아무렇

어떻게 쓸까	무엇을 쓸까
KNOW-HOW	KNOW-WHAT
글의 방향과 형식	글의 주제와 내용
기술적인 부분	내용적인 부분
문법, 맞춤법	글감, 상상력
시간과 경험으로 얻기 쉬움	시간과 경험으로 얻기 힘듦

글쓰기에서 '어떻게'와 '무엇'의 비교

게나 써도 된다는 건 아니다. 일단 잠자코 책상에 앉아 문장을 쓰는 과단성이 중요하다는 말이다. 글을 쓰다 보면 서서히 글을 잘 쓰고 싶은 욕심이 들게 마련이다. 하우는 그때 시작된다. 그럼 어떻게 글을 잘 쓸 수 있을까? 시중에는 이미 글쓰기에 대한 책들이 많이 나와 있다. 거기에 한 권을 더 보태고 싶은 마음은 추호도 없다. 필요할 때 나에게 맞는 책들을 골라서 읽어라. 그러한 책들을 참고해도 되지만, 처음부터 괜히 눈만 높아져 아무 것도 쓰지 못하게 되는 경우도 있으니 주의하라. 되도록 많이 읽고 많이 써라. 이것만큼 중요한 조언이 없다. 앞에서도 언급한 미국의 베스트셀러 작가 스티븐 킹은 이렇게 말했다. "글을 쓰겠다면 무조건 많이 읽고 많이 써라."

강연을 하다 보면 많은 분들이 필자에게 노하우에 대해서 묻는다. 어떻게 쓸까에 대한 지침과 방향을 모색하고 싶다면 시중에 나와 있는 이런 저런 책들을 참고할 수 있다. 그중에 몇몇 책들을 추천하면 다음과 같은 도서들이 있다. 아래에 제시된 책들은 모두 필자가 오랫동안 보았고 지금도 필요할 때마다 들춰보는 참고서들이기 때문에 그 내용과 정보에 대해 자신 있게 제시할 수 있다. 물론 제시된 책 외에도 좋은 참고서들은 얼마든지 있다. 글쓰기의 노하우를 다루는 책은 한두 권이면 족하다. 대부분 대동소이하기 때문에 이것저것 여러 권을 집어 들거나 너무 한 부분에 매몰되지 말고 한 권을 정해서 정독을 권한다.

이오덕,　『이오덕의 글쓰기』(양철북)
하지현 외,　『글쓰기의 힘』(북바이북)
김정선,　『내 문장이 그렇게 이상한가요?』(도서출판유유)
배상복,　『문장기술』(이케이북)
강원국,　『강원국의 글쓰기』(메디치미디어)
유시민,　『유시민의 글쓰기 특강』(생각의길)
외 다수

몸통부터 써라

　주제에 살을 붙이고 이야기를 하나의 일관된 플롯으로 짜는 데에는 그렇게 많은 기교가 필요한 건 아니다. 그럼에도 하루에 한 문장 쓰기가 왜 이렇게 힘든 걸까? 이유는 소위 '첫 문장 증후군'에 빠져 있기 때문이다. 멋들어진 첫 문장을 쓰고 싶은 마음에 단 한 줄로 앞으로 나가지 못하는 것이다. 우리는 이미 첫 문장의 파괴력을 익히 알고 있다. 평소 꾸준히 독서를 해왔던 저자일수록 첫 문장 증후군에 매몰되기 쉽다. 천재 시인이었던 이상李箱은 자신의 대표작「날개」를 다음과 같은 첫 문장으로 시작했다. "박제가 되어버린 천재를 아시오?" 엄청난 전율을 주는 문장이다. 어디 그뿐인가? 필자가 좋아하는 정유정 작가의 대표작으로 국내에서만 50만 부나 팔린『7년의 밤』의 첫 문장은 이렇다. "나는 내 아버지의 사형 집행인이었다." 노벨문학상을 수상했던 오르한 파묵Orhan Ferit Pamuk의 대표작『내 이름은 빨강』은 이보다 훨씬 더 파격적이다. "나는 지금 우물 바닥에 시체로 누워 있다."

　그러나 그 사실을 아는가? 대부분의 작가들이 첫 문장을 자신의 원고를 탈고하는 제일 마지막 순간에 쓴다는 사실을 말이다. 이는 책의 프롤로그(서문)를 마치 에필로그를 쓰듯이 쓰는 것과 같은 이유다. 조금 김이 새는가? 이미 결과를 다 알고 축구 중계를 처음부터 다시 보는 것에 비유할 수 있을까? 어쩔 수 없다. 첫 문장을 멋있게 쓸 수 있는 건 원고의 방향과 일체의 내용을 알고 있을 때나 가능하다. 따라서 첫 문장 중후군에 매몰되지 마라. 무조건 몸통부터 쓰는 것을 원칙으로 한다. 첫 문장은 원고가 막바지에 달하면 고민하지 않아도 자연스럽게 떠오른다. 몸통을 쓸 때에도 순서대로 쓰지 마라. 생각나는 대로 무작위로 그냥 쓴다.

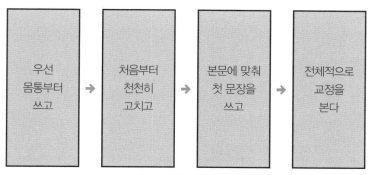

대부분의 원고 쓰는 순서

멋은 나중에 부린다

앞서 조언한 것과 일맥상통하는 이야기일지 모르겠지만, 처음부터 글에 멋을 더하려고 하지 마라. 글을 쓸 때 멋을 부리는 순간, 진도는 절대 나아가지 않는다. 글의 멋보다는 글의 맛을 중요시하라. 내 글 같은 글, 친구에게 말을 거는 것 같이 자연스러운 글, 형식보다는 내용에 치중한 글이 좋은 글이다. 멋은 탈고 과정에도 얼마든지 부릴 수 있다. 파스타 만드는 데에도 앞뒤 순서가 있듯이, 글을 쓸 때에도 전후 과정에 따라 먼저 해야 할 것과 나중에 해야 할 것이 있다. 크게 원고는 초고와 퇴고, 탈고로 나뉜다. 초고礎稿는 가장 거친 글들로 이루어진 원고일 수밖에 없다. 퇴고推敲는 초고를 여러 번 다듬은 원고이며, 탈고脫稿는 말 그대로 마감된 원고, 혹은 퇴고를 거친 뒤 원고를 마무리 짓는 행위를 의미한다. 명심하라. 초고는 머리가 아닌 가슴으로, 글을 쓴다기보다는 글을 싸지른다는 느낌으로 쓰는 것이다. 그러니 순서나 맵시, 개연성 같은 것을 무시하고 써지는 대로 쓴다.

초고 (원고 초반)	탈고 (원고 후반)
맛: 글의 맛을 중시할 것	멋: 글에 멋을 가미할 것
쓴 글: 내 이야기를 쓸 것	본 글: 남의 글을 인용할 것
주관적 글쓰기	객관적 글쓰기
감성: 가슴으로 쓸 것	지성: 머리로 쓸 것
더하기(加): 첨가와 보태기	빼기(減): 제거와 덜어내기
무규칙, 무순서, 무작위	규칙, 순서, 작위

글쓰기의 초고와 탈고의 비교

퇴고와 탈고의 과정을 거칠 때에는 우선 초고와의 시간적 간격을 두는 것이 좋다. 짧게는 한 달에서 많게는 3개월 이상 간격을 두어 초고를 완성한 흥분과 만족감이 사그라질 때까지 기다리는 것이다. 이렇게 하는 이유는 써 놓은 초고를 객관적 시선에서 한 번 들여다볼 수 있는 안목을 갖기 위해서다. 저자라면 누구나 원고에 대한 애정을 갖기 마련이며, 그 원고가 상당한 시간과 노력이 들어간 것이라면 더욱 그럴 것이다. 그런데 탈고 과정은 원고에 대한 그러한 애정이 때로 방해물이 되기도 한다. 그래서 적당한 시차를 두고 한 걸음 물러선 지점에서 원고를 바라보는 여유가 필요하다는 것이다. 비유하자면, 신축 아파트를 짓고 처음 몇 주 동안 보일러를 틀어서 건축이나 인테리어에 쓰인 도료나 화학물질 따위를 날려버리는 것과 같다. 이를 흔히 굽기, 즉 베이크bake 과정이라고 하는데, 이런 굽기 과정을 거쳐야 거주자가 새집증후군에 노출되지 않고 건강한 삶을 살 수 있다.

초고는 진실성을 가지고 써라. 깨알 같이 작아 보이는 원칙을 소중하게 생각하고 일단 글쓰기 원칙을 세웠으면 물러서지 말고 꾸준히 지켜나가라. 초고에는 힘이 들어가야 한다. 조금 손발이 오그라드는 표현이라도 과감하게 원고에 배치한다. 초고는 저자로서 표현할 수 있는 감정은 모두 쓸어 담아 원고에 투여한다는 느낌으로 진행한다. 반면 탈고는 힘을 빼야 한다. 무언가 더 추가하려고 하지 말고 덜어내려고 한다. 진정한 설렁탕 장인은 무언가 새로운 맛을 첨가하는 것이 아니라 도리어 국물에 남아있는 텁텁한 잔미와 쓸데없는 잡내를 거둬내는 데에서 자신의 비법을 찾는다. 문제는 자신이 피를 토하며(?) 쓴 옥고原稿를 자신의 손으로 난도질하는 게 말처럼 그리 쉽지 않다는 데에 있다. 이 부분은 뒤에서 다시 설명하도록 하겠다.

어설픈 유사함의
유혹을 뿌리쳐라

공동체 주택을 짓겠다고 찾아온 건축주가 다짜고짜 "래미안처럼 지어주세요."라고 말해서 식겁했다는 (주)자담건설 류현수 대표의 말이 생각난다. 머릿속에 그리는 이상적인 집이 래미안인데 건축주가 래미안 이상을 생각할 수 없는 건 당연할는지 모른다. 어떻게 보면 책도 마찬가지 아닐까? 베스트셀러감이라고 호들갑을 떨면서 예비 저자들이 내민 원고를 보면 하나같이 이런저런 글들을 짜깁기하거나 어디선가 보았던 글들, 남의 경험이나 이야기를 덧칠하고 가공한 것들이 많다. 어설픈 유사함을 가지고 원고를 만들려고 할 때 내 이름의 책 한 권은 그만큼 의미가 퇴색되고 만다.

책을 쓸 때 가장 먼저 걸려드는 유혹은 남의 성공을 따라가고 싶은 것이다. 사실 이런 경향은 매우 자연스러운 것이다. 평소 우리는 얼마나 자주 성공자들을 모방하라는 조언을 듣는가? 욕심 있는 저자는 자신이 평소 좋아하는 저자의 문체를 흉내 내려고 하고, 조급한 저자는 무턱대고 베스트셀러의 문법을 따라가려고 한다. 유명 화백의 문하생으로 들어간 초보 만화가들은 틈나는 대로 스승의 그림체를 따라 그리는 것에서 도제의 인연[師緣]을 맺고, 유명 가수의 무대에 서는 백댄서라도 되려면 커버댄스를 열심히 갈고 닦아야 하는 법이니까. 수년 전 이기주 작가의 『언어의 온도』가 공전의 히트를 치고 있을 때 서점가에 쏟아져 나온 많은 책들이 그러했다. 필자의 기억으로는 제목에 버젓이 '○○의 온도'를 달고 나온 책들이 한둘이 아니었다. 심지어 개중에는 도안이나 보라색 표지에 이르기까지 『언어의 온도』를 따라한 아류[亞流]들이 적지 않았다.

물론 상품이다 보니 책에도 트렌드가 있고 독서에도 나름의 유행이 존재한다. 시대마다 독자들이 찾는 주제들이 있고, 정세나 상황에 따라 반짝 히트를 치는 책들이 분명 있다. 하지만 트렌드와 유행만 쫓다 보면 어느덧 이도저도 아닌, 잡탕과 같은 책을 내게 된다. 베스트셀러의 문법을 마냥 무시해서도 안 되지만, 시장의 트렌드를 너무 맹종해서도 안 된다. 영국을 대표하는 유명 시나리오 작가 닐 게이먼[Neil Gaiman]은 이렇게 말했다. "당신만이 할 수 있는 이야기를 써라. 당신보다 더 똑똑하고 뛰어난 작가들은 얼마든지 있다." 남의 이야기를 각색하려고 하지 말고 나만의 이야기를 써라. 글이 온전히 나만의 이야기일 때 그 글은 비로소 의미를 지닌다. 트렌드는 그 다음이다.

대중이 원하는 책을 써야 할까, 내가 원하는 책을 써야 할까? 쉽게 말해, 잘 팔리는 책과 쓰고 싶은 책 중에 어떤 것을 선택해야 할까? 출판 기획을 하면서 많이 듣는 질문 중에 하나다. 우리나라에서 글 잘 쓰기로 다섯 손가락 안에 꼽히는 유시민 작가도 팔리는 책과 쓰고 싶은 책 사이에서의 갈등에 대해 이렇게 이야기한다. "나만의 세계에 집착하면 대중과 소통하지 못해 고립될 수 있고, 대중의 취향만 따라가다 보면 창의적이고 독자적인 자기 세계를 단단하게 구축하지 못할 수 있다. 문화예술 분야의 직업을 가진 사람이라면 누구나 겪는 갈등이다. 나의 글쓰기도 여기서 주저하고 방황한다. 피할 수 없는 고민이 아닌가 싶다."[*]

잘 팔리는 책	쓰고 싶은 책
대중의 시선	저자의 시선
머리로 쓴 원고	가슴으로 쓴 원고
트렌드에 집중함	마음에 집중함
시장 중심의 사고	창작자 중심의 사고
100% 예측이 불가능함	100% 예측이 가능함
출판하고 나서 인세가 큰 책	출판하고 나서 보람이 큰 책

잘 팔리는 책 vs 쓰고 싶은 책

[*] 유시민, 『어떻게 살 것인가』, 생각의힘, p.236

필자는 내 이름의 책 한 권을 구상하는 저자라면 언제나 많이 팔리는 책보다 쓰고 싶은 책에 더 중점을 두어야 한다고 말한다. 물론 잘 팔리는 책과 쓰고 싶은 책이 일치하는 것이 가장 이상적인 그림일 것이다. 당연한 이야기일 테지만, 그러한 일은 현실에서 거의 일어나지 않는다. 물론 생각하기에 따라서는 끔찍한 가정일 수 있지만, 책을 내고 아무도 사지 않는다면 그것 역시 저자로서 매우 슬픈 일일 것이다. 하지만 책에 내 영혼의 이야기가 담기지 않는다면, 아무리 잘 팔린다 한들 그것이 그렇게 의미 있을까 자문해봐야 한다. 적어도 내 이름의 책 한 권을 내는 저자의 입장에서는 말이다. 솔직히 책의 인세로 돈을 버는 것이 출판의 목표가 아니라면 과감히 트렌드보다는 마음을 따르는 게 더 합리적인 선택이다.

여기에는 여러 가지 이유가 있다. 첫 번째, 사실 잘 팔리는 책이라는 기준 자체가 모호하다. 우리나라의 경우, 오늘날 대부분 신간이 서점에 머무는 유통기한shelf life은 채 보름을 넘지 않는다. 어떤 분야는 일주일을 넘기기 힘든 경우도 있다. 지난 주 출간된 신간이 이번 주 출간된 신간에 밀려 서점 진열대에서 사라지고, 한 주 지나면 책장에서도 퇴출되어 창고로 직행한다. 이렇게 급박하게 돌아가는 책의 생애주기를 감안할 때 정확한 타이밍에 잘 팔리는 책을 잡아낼 수 있다면 그 사람은 우리나라에서 둘째가라면 서러워할 굵직한 출판사들이 서로 앞 다투어 출판기획자로 모시고 갈 것이다. 사실 출판 이외의 복잡한 여러 외부 요인과 다양한 변수들, 즉 급변하는 출판 트렌드와 시장의 추세, 독자의 변덕들을 감안하면, 필자와 같이 수십 년 출판밥을 먹은 전문 기획자들조차 소위 '잘 팔리는 책'을 예상하는 것이 거의 불가능하다.

두 번째, 이건 좀 더 근본적인 이유인데, 팔리는 책이라는 전제가 이미 저자의 범위를 벗어난 말이라고 할 수 있다. 저자가 원고를 쓰고 판매까지 떠안을 수는 없다. 저자는 콘텐츠를 생산하는 입장에서 유통까지 신경 쓸 겨를이 없다. 뒤에서 다시 설명하겠지만, 유통은 출판사가 담당한다. 원고를 가지고 책을 만들어 유통시킬 자신이 없는 출판사라면 당신 원고를 출판하겠다고 달려들지도 않을 것이다. 그러니 원고를 쓰는 저자라면 우선 판매의 관점에서 벗어나 창작의 관점을 갖는 게 급선무라고 할 수 있다.

어울리지 않는
화려함으로 멋 부리지 마라

처음 저자를 만나 기획회의를 진행하다 보면, 자연스럽게 깨닫게 되는 몇 가지 사실이 있다. 그중 첫 번째가 쓸데없이 글에 힘이 들어가는 경우다. 처음 책을 출간하는 저자에게 특히 이런 경향을 종종 발견한다. 멋있는 글, 감탄을 자아내는 표현, 물론 중요하다. 하지만 언어의 첫 번째 목적은 의사소통에 있다. 내가 하고 싶은 말을 전달하는 차원에서 먼저 충분히 글을 고민하고 나서 나중에 멋을 부려도 늦지 않다. 처음부터 그럴싸한 단어들을 도배하다시피 원고를 채우면 내 책이 아니라 어느덧 모호한 베끼기 책으로 전락한다.

미우라 타카히로는 이렇게 말했다. "센스는 경험과 가치 판단의 축적에서 비롯된다. 멋있는 것을 본 적 없는 사람은 멋있는 것을 만들수 없고, 아예 멋있는 게 뭔지도 모른다. 인생에서 다양한 것을 보고 이해하고 그것이 멋있는 것이라고 배운 뒤 비로소 사람은 멋있는 것과 그렇지 않은 것을 구분하고 멋있는 것을 만들 수 있게 된다. 말도 마찬가지다. 알아듣기 쉬운 말, 이해하기 쉬운 말을 인생에서 많이 접하면 내가 무언가를 말할 때 그 말을 인용하거나 그 말의 본질을 잘 선별하여 사용할 수 있으므로 결과적으로 쉬운 말, 완성도 높은 말을 사용하게 된다."**

　나이가 들어서 의미가 더욱 심오해지는 이솝우화가 한 편 있다. 다름 아닌 여우와 두루미다. 아마 독자들도 이 우화를 잘 알고 있을 것이다. 어느 날, 여우는 두루미를 저녁 식사에 초대했다. 여우는 자신의 입장에서 바닥이 넓은 그릇에 음식을 담아냈다. 짧은 주둥이를 가진 여우는 그릇에 담긴 음식을 혓바닥으로 바닥을 싹싹 핥을 만큼 맛있게 먹었지만, 부리가 긴 두루미는 도무지 음식을 먹을 수 없었다. 단단히 뿔이 난 두루미는 자신을 골탕 먹인 여우가 괘씸해서 반대로 자신의 집에 초대한다. 두루미가 음식을 담아 내온 건 입구가 좁고 기다란 병이었다. 당연히 두루미는 맛있게 음식을 먹었지만, 여우는 입도 대지 못했다. 언어는 생각을 담는 그릇이다. 생각이 잘 담길 수 있는 말을 구사하는 것이 무엇보다 중요하다. 그렇다면 어떤 방식의 글쓰기가 필요할까? 정확성accuracy과 단순성simplicity, 이 두 가지가 어쩌면 글쓰기의 전부다.

** 미우라 타카히로, 『언어화의 힘』, 김영혜 역, 시그마북스, p.73

정확한 글을 쓴다 – 문법에 맞는 글쓰기

　무엇보다 글은 정확해야 한다. 글 깨나 쓴다는 작가들이 가장 강조하는 조언 중에 첫 번째가 바로 이것이다. 언어는 의미를 전달하는 도구다. 의미가 제대로 전달되지 않는 글은 이미 언어의 기능을 상실했다고 봐도 좋다. 정확한 글쓰기는 낱말에 대한 정확한 이해에서 나온다. 정확한 이해가 바탕이 되지 않은 글쓰기는 자칫 단어를 멋을 부리는 장식물 정도로 여기기 쉽다. 단순한 치장이라면 그나마 낫다. 어떤 경우에는 심각한 오독誤讀을 낳을 수 있다. 특히 쓸데없이 문장이 길어지면 내용이 장황해지고 뜻이 불분명해질 위험이 높다. 뒤에서 다시 언급하겠지만, 정확한 글은 단순한 글이다. 둘은 일맥상통한다. 글을 짧게 쓸 수 있다면 되도록 짧게 써라. 불필요한 미사여구나 꾸밈말, 만연체를 피하라.

　흔히 글은 다음의 순서대로 좋아진다고 볼 수 있다.
　① 의미도 전달되지 않고 틀린 글(오문誤文) → ② 의미는 전달이 되는데 틀린 글(비문非文) → ③ 의미 전달은 되는데 저급한 글(속문俗文) → ④ 의미도 전달되고 쉽게 읽히며 격조 있고 고급스러운 글(명문名文) 순으로 글이 좋다. 물론 여기서 가장 바람직한 글은 ④번일 것이다. 모든 저자들이 ④번을 지향할 것이다. 반면 모두가 ①번은 피할 것이다. 당연하다. 틀린 글은 원고에서 절대 용납할 수 없다. 맞춤법

이 틀린 글, 주술 호응이 이뤄지지 않은 글, 의미에 맞지 않게 단어를 사용한 글 등이 원고 안으로 들어와서는 안 된다. 문제는 ②번 비문이다. 비문은 문장이 말하는 의미는 알 수 있는데 문장 전체가 균형감을 잃었거나 주어를 찾기 힘든 글, 능동과 피동이 어색하거나 단어와 구절이 대등하게 연결되지 않은 글이다.

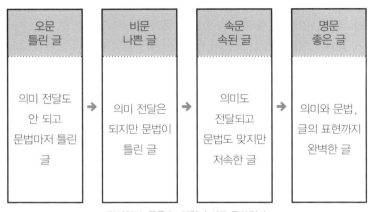

오문 틀린 글	비문 나쁜 글	속문 속된 글	명문 좋은 글
의미 전달도 안 되고 문법마저 틀린 글	의미 전달은 되지만 문법이 틀린 글	의미도 전달되고 문법도 맞지만 저속한 글	의미와 문법, 글의 표현까지 완벽한 글

명심하라. 글을 늘 이런 순서로 좋아진다

내 원고에서 ①번과 ②번을 없애려면 어떻게 해야 할까? 첫째, 문법적 오류가 없어야 한다. 주부와 술부가 호응하는지, 조사가 일치를 이루는지, 주어와 동사 간의 능동-피동 연결이 자연스러운지 따지는 것도 함께 이뤄져야 한다. 제일 먼저 신경 써야 할 게 주어-술어의 일치다. '조선말은 끝까지 들어봐야 한다.'는 말처럼, 우리나라 말은 구조상 주어와 술어가 멀리 떨어져 있다. 주어 다음에 바로 동사가 나오는 영어를 비롯한 대부분의 인도유러피언 언어와 달리, 우리나라 말의 경우, 주어는 문장 맨 앞에, 술어는 문장 맨 뒤에 위치한다. 따라서 문장이 길어지면 길어질수록 주어와 술어의 거리가 점점 멀어지게 되면서 자칫 주술일치가 어긋난 비문이나 오문이 될 수 있다. 다른 나라 말과 달리 주어를 종종 생략하는 우리나라 말의 특성도 한몫한다. 이와 같은 맥락에서 능동과 수동도 이해할 수 있다. 능동문과 수동문 역시 글을 쓰면서 빈번히 저지르는 실수 중 대표적인 사례다. 주어가 행위자임에도 술어가 수동으로 되어 있으면 의미도 어색할 뿐 아니라 눈에도 거슬린다.

이 중에서 특히 맞춤법은 내 이름의 책 한 권을 꿈꾸는 예비 저자들에게 필수로 요구되는 내공이다. 물론 편집자가 원고를 교정하면서 상당수 걸러내기는 하지만, 마냥 남의 손에 내 원고의 교정을 맡길 수는 없는 노릇이다. 최근 한 사이트에서 아래의 문장들을 가져와 보았다. 무슨 말을 하려는지 이해는 되지만 전체적으로 한 단어 걸러 하나씩 맞춤법이 틀렸다. 한 문장 내에서도 툭툭 튀어나오는 오류가 마치 지뢰밭을 걷고 있는 듯한 느낌이다. 이제 갓 한국어를 배운 외국인이 쓴 문장과 같다고나 할까?

"코로나 백신 취사율(치사율)이 장난 아니다. 모모 사이트는 무족권(무조건) 봐라. 바람물질(발암물질)이 있다는 예기(얘기)도 있고 칩

223

을 너었다는(넣었다는) 말도 있다. 생과 사를 갈으는데(가르는데) 정부가 일해라 절해라(이래라저래라) 할 문제가 아니다. 골이 따분한(고리타분한) 말로 들리겠지만, 더 이상 정부 정책을 실례(신뢰)할 수 없다."

"채소한(최소한) 유튜버야말로 장례희망(장래희망)으로는 나물할(나무랄) 때가 없는 거 같다."

두 번째로, 문장들 속에 숨어 있는 비문을 찾아내야 한다. 단어의 용례와 문맥이 제대로 쓰였는지, 괜히 단어의 의미가 중복되지는 않는지, 문맥 내에서 의미의 결핍 내지 과잉이 일어나고 있지는 않은지 세심히 살펴야 한다. 사실 이런 것들은 매우 전문적일 수 있다. 비문은 오문처럼 쉽게 발견할 수 있는 건 아니기 때문에 전문적인 작가들도 가끔 실수를 하기도 한다. 무엇보다 문장은 짧게, 구어체는 문어체로 쓰고, 동사를 발견하면 그 동사에 호응하는 주어는 꼭 찾아보는 습관을 익히는 게 좋다. 이렇게 단순히 설명하는 것으로 충분히 이해가 되지 않을 수 있다. 일상에서 실천하는 것만이 원고에서 비문을 줄이는 지름길이다.

셋째, 필자가 언어순화주의자는 아니지만, 최근 매체가 다양해지면서 한글의 오염 현상이 심해지고 있는 것 같다. 무분별한 말 줄이기나

은어 사용 등으로 무슨 뜻인지 이해되지 않는 국적 불명의 단어들이 떠돌고 있다. 최근 출판계에도 이러한 입말을 적극적으로 수용하려는 움직임이 있긴 하지만, 이는 양날의 검과 같다. 특정한 시대를 담아내는 표현을 책에 자꾸 쓰다보면 자칫 책이 그 시대에 묶여버릴 위험이 있기 때문이다. 언어는 끊임없이 변화하는 과정에 있기 때문에 구어口語보다는 문어文語, 은어隱語보다는 표준어를 쓰는 것이 그 책의 수명을 더 길게 할 수 있는 필수 전략이 된다.

넷째, 자신이 쓰는 단어의 정확한 의미와 용례를 알아야 한다. 모르고 쓴 단어는 의미 전체를 흔들리게 할 수 있다. 잘못 쓴 단어 하나는 마치 재건축 부지 한가운데 있는 알박기처럼 문장의 독해와 생각의 계발을 방해한다. 이를 해결할 수 있는 가장 좋은 습관은 익히 알고 있는(알고 있다고 여기는) 단어라 할지라도 틈틈이 『국어대사전』을 찾아보는 것이다. 예나 지금이나 편집자들은 마치 과거 조선시대 문방사우文房四友처럼 네 가지 도구를 반드시 곁에 두고 작업을 했는데, 그것은 빨간펜과 형광펜, 포스트잇, 그리고 『국어대사전』이었다. 요즘에는 PC버전이나 온라인으로도 쉽게 이용할 수 있어서 단어 검색이 훨씬 용이해졌다. 편집자가 찾아내기 전에 저자가 분명한 단어를 쓰면 얼마나 좋을까? 돌다리도 두들기며 건넌다는 느낌으로 아는 단어도 꼼꼼히 검색해본다. 정확正確하고 적확的確한 단어를 쓰는 것, 부족하지도 넘치지도 않는 개념을 쓰는 것은 바르고 정제된 원고를 쓰는 첩경이다. 그래서일까? 『멋진 신세계』를 쓴 영국의 소설가 올더스 헉슬리Aldous Huxley는 이렇게 말했다고 한다. "단어는 제대로 쓰인다면 마치 엑스레이와 같다. 어느 것도 투과시켜버린다. 당신이 읽는 순간 꿰뚫어버린다."

정확한 글쓰기의 조건
- 주어−술어의 일치에 주의한다.
- 능동−피동의 관계에 주의한다.
- 정확한 단어 사용에 주의한다.
- 외래어, 번역문 투의 표현에 주의한다.
- 말줄임, 은어, 저속한 표현에 주의한다.

쉬운 글을 쓴다 – 가독성 있는 글쓰기

글이 어려우면 왠지 고급스럽고 현학적인 책일 거라고 생각하는 저자가 의외로 많다. 오랫동안 원고를 만지다 보면 이런 생각은 큰 착각이라는 사실을 깨닫게 된다. 어려운 글은 멋있는 글이 아니라 읽기 싫어지는 글이다. 가독성readability은 현저히 떨어지며 흥미는 급격히 줄어든다. 먹기 싫은 물약을 삼키는 것처럼, 이런 책은 독자 입장에서 채 한 페이지를 넘기기가 여간 힘든 게 아니다. 일부 문학작품의 경우를 제외하고, 쓸데없는 미사여구와 번쇄한 수식어, 화려한 외래어들로 본문을 채우는 일은 되도록 삼가자. 설명이 제대로 달려 있지 않은 전문용어, 마치 여러 번 중역重譯을 거친 것 같은 번역 투의 문장, 나잘난 멋에 오랫동안 길들여진 기름진 글들은 의외로 대학교수나 해당 분야 전문가들이 쓴 원고에서 자주 발견된다.

앞선 조언과 이어지는 이야기일 수 있는데, 문장이 단순할수록 글이 명료해지고 의미가 정확히 전달된다. 문단 내의 내용들이 이어지지 않는 글, 주장과 통계가 일치하지 않는 글, 글의 앞부분과 뒷부분의 전개가 다른 글 등은 초보 저자의 원고에서 종종 보이는 특징이다. 짧게 끊어서 쓸 수 있는 문장도 주렁주렁 연결하는 습관, 문장과 문장 사

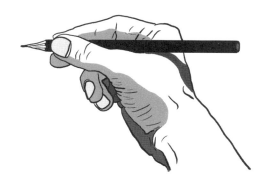

이에 쓸데없이 접속사를 끼워 넣는 습관, 여러 형용어들로 단어를 수식하는 습관, 비일상적인 단어, 나만 알고 있는 용례를 고집하는 습관들은 모두 쉬운 글을 쓰는 데 피해야 할 나쁜 버릇이다.

한 문장을 쓴 다음 그 문장을 뒷받침하는 문장을 두세 문장은 써주는 것도 좋다. 이를 재진술 혹은 말 바꾸기라고 하는데, 문단을 하나의 아이디어로 구성하며 독자들의 가독성을 높이는 데 효과적이다. 또한 괜히 '이것', '저것', '그것'과 같은 지시사나 '그러나' '그래서' '그리고' 같은 접속사를 문장에 달아놓는 것은 물 흐르듯 자연스러운 독해를 가로막는 보(湺)와 같다. 독자는 지시하는 대상이 뭔지 엄마 찾아 삼만 리를 하게 되고 그럴 때마다 독자는 앞으로 나아가는 독서를 의도적으로 멈출 수밖에 없게 된다. 글이 한두 번 이렇게 멈춰지다 보면, 배가 산으로 가는 게 아니라 글이 산으로 간다.

명심하라. 복잡하고 번쇄한 글→간결한 글, 어려운 글→쉬운 글로 바꿔야 한다. 글은 생각을 실어 나르는 그릇과 같다. 그 그릇이 깨끗하고 반듯하지 못해서 안에 담긴 생각을 더럽힌다면 용기로써 정확한 기능을 수행한다고 볼 수 없을 것이다. 어느 정도 의미를 전달할 수 있다고 해서 그 문장이 완벽하다고는 말할 수 없다. 문법과 철자의 오류로 여러 번 읽기를 멈춰야 한다면, 그 문장은 절대 내 이름의 책 한 권에 실릴 수 없다. 간결하지 못하고 번쇄한 글을 읽는 것처럼 고역도 따로 없기 때문이다. 그래서 공자는 『논어』에서 "인간의 말이란 그 뜻이 통달되는 것을 첫째로 삼을 뿐이다.辭, 達而已矣"라고 말했다.

단순한 글쓰기의 조건

- 되도록 단문으로 글을 쓴다.
- 되도록 복잡한 수식은 피한다.
- 필요 이상의 접속사를 남발하지 않는다.
- 필요 이상의 지시사를 사용하지 않는다.
- 가급적 지나친 전문용어의 사용은 피한다.

주변의 목소리로
스스로의 빛깔을 완성하라

　내 이름의 책 한 권은 철저하게 나로부터 시작된다. 그러면 나는 누구인가? 이 질문에 대한 답을 위하여 거울 앞에도 섰고 과거와 현재와의 만남도 가져봤지만 아직도 무언가 부족함이 느껴진다면 망설이지 말고 주변을 둘러보기 바란다. 자신이 걸어온 발자취 곁에 무수히 많은 동행의 흔적이 자리하고 있을 것이다. 가족, 친구, 동료, 선후배 등 누구라도 동행의 흔적을 남겼을 것이며 이는 자신의 작은 일부분임에 틀림없다. 아무리 자기관리에 철저하고, 메모의 습관으로 삶을 치밀하게 기록해왔어도 자신을 온전히 분석하고 이해하는 사람은 드물다. 설령 나는 누구인가? 라는 질문에 자신 있게 답하는 사람일지라도 동행의 일부분이 더해지면 스스로가 훨씬 풍부해진다.

　물에 비친 자신의 모습을 보고 사랑에 빠져 이룰 수 없는 사랑을 갈망하다가 죽은 그리스 신화의 나르키소스까지는 아니어도 우리는 누구나 자신을 믿고 사랑한다. 특히 자신의 책을 염두에 두고 있는 사람이라면 더할 것이다. 그런데 그 사랑이 지나치면 자칫 스스로의 모습을 왜곡하거나 과장 또는 축소하게 되며 이는 결국 책의 부실로 귀결

될 수 있다. 나르시시즘은 주변의 평가와 인정 속에서 제대로 된 가치를 발휘한다. 모든 이의 사랑을 받았지만 어느 누구의 마음도 받아들이지 않고 거절했던 나르키소스. 그리고 나르키소스에게 실연을 당한후 죽음까지 이르렀지만 여전히 그를 향한 미련으로 목소리만 남게된 오늘날의 메아리, 에코echo. 이 둘의 이야기가 새삼 내 이름의 책한 권 앞에서 의미심장하게 다가오는 이유는 무얼까?

분량이 많든 적든 책에는 삶의 여러 이야기가 담기는데 그렇다고매번 이야기의 빛깔이 바뀌는 건 아니다. 당신에게는 당신만의 독특한 삶의 여정이 있었기에 본격적인 글쓰기에 앞서 자신의 빛깔을 정확히 인지할 필요가 있다. 필자의 경우에는 어느 정도 인지하고 있었지만 나의 빛깔이 어떻게 발현되어야 좋은지는 잘 모르고 있었다. 출판인으로서 책과 함께 걸어왔고, 코디네이터로서 개별 저자들의 책만들기에 최선을 다해왔지만 필자 스스로 저자가 되리라고는 불과 몇개월 전까지 꿈도 꾸지 않았었다. 코디네이터의 역할에서 몇 번의 동행으로 필자를 지켜봐온 파트너와 필자의 온라인 라이브 강의를 시청한 오랜 출판지기 후배의 제안이 없었다면, 필자의 숨겨진 재능을 꿰뚫어보고 무심한 듯 툭 던진 선배의 말 한마디가 없었다면 이 책은 여러분과 만나지 못했을 것이다.

내가 걸어왔다고 내가 그 길을 다 아는 건 절대 아니다. 비록 내가 스스로 외롭게 걸어왔지만 언제나 동행이 있었고 때로는 그가 나보다 그 길을 더 잘 알고 있다. 심지어 내가 인지하지 못하거나 잊고 지내 온 길마저 그는 선명하게 바라볼 수 있다. 그러므로 당신의 책 앞에서 살며시 고개 드는 나르키소스의 오류는 걱정하지 않아도 된다. 내 이름의 책 한 권은 잠시나마 당신을 눈멀게 할 수 있지만 곁에는 에코가 있다. 주변의 수많은 동행자들의 목소리에 경청하라. 그 목소리가 당신의 빛깔을 풍성하게 하고 최적의 발현을 도울 것이다. 만약 외면한다면 목소리는 그저 에코의 공허한 메아리로 소멸됨을 명심하기 바란다.

내 발걸음이 길이고,
그 길이 기획의 핵심이다

내 이름의 책 한 권을 낼 때 언제나 명심해야 할 조언이 있다. 창작의 범주가 자유로운 소설의 경우가 아니라면 굳이 '남의 이야기를 하려고 하지 말라.' 아무리 하찮고 보잘 것 없어도 내 이야기가 아닌 남의 이야기가 담긴 책은 출판하고 나서 책을 냈다는 흥분감이 어느 정도 진정이 되면 책에 대한 애정이 급격히 식는 경우가 많다. 가장 한국적인 게 세계적인 것이란 말이 있다. 현지인들의 입맛에 맞춘답시고 괜히 이것저것 섞은 퓨전 음식을 내놓는 게 아니라 한국 식당에서 바로 찾을 수 있는 본토 한국 음식을 제공하는 게 더 먹힌다. 책을 낼 때도 마찬가지라고 생각한다. 누가 뭐라 해도 내 이야기가 가장 경쟁력이 있다. 명색이 내 이름의 책 한 권 아닌가? 내 이야기가 아닌 남의 이야기가 섞여 들어간, 이도저도 아닌 짬뽕 같은 글에 독자들은 식상해 한다. 내 이름의 책 한 권에는 그간 내가 걸어갔던 삶의 궤적이 담겨 있어야 한다. 내 삶의 내러티브가 없는 책은 건조하고 삭막한 무미無味 무취無臭의 책으로 전락한다. 위대한 저자들은 한결같이 말한다. "자신의 이야기를 쓰세요." "남의 이야기가 아닌 나만의 이야기를 담아야 합니다."

이제 포지셔닝positioning 작업에 들어간다. 책이 어떤 위치에 놓이는지 결정하는 작업이다. 무작정 시장에 책을 내놓는다고 해서 책이 팔리지 않는다. 동네 베이커리에 들러보라. 갓 구운 빵을 내놓은 선반의 배열은 그 안에 문법이 자리하고 있다. 크림빵과 소시지빵이 함께 놓이지 않듯, 꽈배기와 생일 케이크가 같은 선반에 올라오지 않는다. 책도 마찬가지다. 아무리 출판이 난삽해 보여도 책도 연병장에 오와 열을 맞춘 병정처럼 나름의 규격과 일정한 원칙에 의해 배치된다. 책은 십진분류법十進分類法에 의해 영역이 분류된다. 이는 미국의 교육학자 듀이가 개발한 것으로 우리나라의 경우에는 듀이십진분류법DDC을 비롯한 서구에서 통용되는 분류법을 바탕으로 한국도서관협회 분류위원회가 정한 것을 쓴다. 십진분류법은 책을 열 개의 분야section로 나누어놓은 것인데, 순서에 따라 총류(0), 철학(1), 종교(2), 사회과학(3), 자연과학(4), 기술과학(5), 예술(6), 언어(7), 문학(8), 역사(9)로 구성된다. 그리고 각 분야를 다시 10개의 세부적인 강목division으로 구분하여 번호를 매겨두었다. 출판사는 책을 출간할 때 이 분야와 강목을 두고 어디에 배치시킬지 결정한다.

우리나라 4대 메이저 온라인 서점으로는 교보문고, 예스24, 알라딘, 인터파크가 있는데, 이들이 출판사로부터 신간을 넘겨받으면 나름의 기준에 따라 책을 분류한다. 나름의 기준은 저마다 차이가 있지만, 애초에 십진분류법에 기초하여 만들어졌기 때문에 대동소이하다.

최근에는 네이버나 쿠팡 같은 이커머스 업체들도 책을 유통하고 있는데, 이들은 온라인 서점보다는 조금 무성의하게 책을 분류하고 있다. 어쨌든 책을 분류하고 정의하는 것은 기획의 첫 번째 단추라고 할 수 있다. 자신의 책이 어느 분야에 맞는지 미리 고민해보는 것도 책을 유통시키기에 앞서 꽤 생산적인 일이라 할 수 있는 이유다. 물론 때에 따라서는 전략적으로 복수의 분야에 책을 올릴 수도 있을 것이다. 예를 들어, 아래처럼 필자가 함께했던 『마을을 품은 집, 공동체를 짓다』를 건축 관련 분야에 놓을 수도 있겠지만, 사회 활동이나 NGO단체 활동 분야에 놓을 수도 있다.

포지셔닝을 통해 책의 분야를 정했다면, 구체적인 항목으로 들어가 책의 토대가 되는 메인 주제를 정해야 한다. 주제 선정은 같은 내용의 원고라도 책에 전혀 다른 색깔의 옷을 입히는 작업이다. 앞서 언급한 류현수 대표의 책을 예로 들면, 본래 원고는 지난 소행주 건축의 역사적 발자취를 기록으로 남기는 내용이었다. 하지만 단순히 건축 분야에 머물지 않고 공동체를 살리고 마을을 만드는 NGO 활동으로 주제를 잡고 원고의 방향을 바꾼 것이 큰 호응으로 이어졌고 예스24에서 20주 연속으로 해당 분야 1위를 기록하며 그해 세종도서로 선정되는 쾌거를 거두었다. 이런 전략은 유능한 편집자의 머리에서 나오는 것이다. 아무래도 건축이 전문분야라면, 사회활동은 보다 여러 가지 주제를 함축하고 있다고 여긴 것이다.

기획에서 또 하나 언급하고 싶은 것은 책 제목의 중요성이다. 제목이 경쟁력이다. 실지로 감각적인 제목과 눈길을 사로잡는 책표지가 구매를 결정하는 매우 중요한 역할을 한다는 것은 여러 가지 통계로도 잘 알려진 사실이다. 단행본 제목은 원고의 성격에 따라 크게 세 가지 종류로 나뉘는데, 문학적 감각이 있는 제목은 함축적, 상징적인 형태를 띤다. 한동안 암시적이고 도발적인 문장으로 서명書名을 정하는 게 유행인 적도 있었다. 반대로 최근에는 '○○의 ○○'처럼 매우 도식적인 제목이 트렌드인 것 같다. 어떤 기획자는 경기가 나쁠 때 책의 타이틀이 길고, 경기가 좋으면 도리어 짧아진다고 얘기하는데 개인적으로 믿을만한 이유가 있는 말 같지는 않다. 어쨌든 최근에는 베스트셀러의 원칙이 무너진 상태에서 어떤 제목이 더 낫다거나 부정적인 제목은 나쁘다와 같은 도식적인 조언이 거의 유명무실해진 것 같다. 하지만 제목은 독자에게 다가가는 첫인상이기에 많은 고민이 필요하다.

"작가란 다른 누구보다 글쓰기가 훨씬 더 어려운 사람이다."

−토마스 만−

물 흐르듯
자연스러움을 유지하라

　영화 「파인딩 포레스트」의 실존 인물로 알려진 미국의 소설가 제롬 데이비드 샐린저Jerome David Salinger의 대표작 『호밀밭의 파수꾼』은 금세기 전 세계에서 국적과 나이를 불문하고 가장 많은 관심을 받은 베스트셀러로 정평이 났지만, 정작 작가인 샐린저는 서른두 살이라는 젊은 나이에 작품을 발표한 다음 대중들의 시선을 벗어나 철저하게 은둔의 삶을 산 것으로 유명하다. 그가 남긴 단 한 권의 책 『호밀밭의 파수꾼』은 학업에 집중하지 못하고 방황하던 자신의 십대 시절을 배경으로 쓴 자전적 소설로 미국에서 고등학교 독후감이나 작문 숙제로 반드시 요구하는 작품이다.

샐린저는 1919년 미국 뉴욕에서 육류와 치즈 수입상을 하던 유대계 아버지 슬하에서 자랐다. 13살 때 맨해튼의 한 중학교에 입학했으나 학업을 따라가지 못해 곧 퇴학을 당했고, 이후 펜실베이니아에 있는 사관학교에 들어갈 수밖에 없었다. 평소 군인이 되는 데에 전혀 뜻이 없었던 샐린저는 대신 이 학교에서 문예 편집위원을 하면서 작가로서의 꿈을 꾸기 시작했다. 1937년, 그는 뉴욕대학에 입학했으나 역시 중퇴하였고, 이후 컬럼비아대학을 다니며 문예창작 수업을 받기도 했다. 2차 세계대전 때에는 보병으로 징집되어 노르망디 상륙작전에도 참가하기도 했다. 생사를 넘나드는 전쟁 경험은 훗날 그의 창작 활동에 적지 않은 영향을 미쳤다. 샐린저 역시 전쟁의 한복판에서도 틈틈이 글을 썼다고 한다. 전쟁이 끝나고 고국으로 돌아온 샐린저는 군에서 썼던 작품이 한 잡지에 실리면서 본격적으로 창작 활동에 들어갔다. 그리고 얼마 안 있어 1952년 발표한 자전적 소설이자 그의 첫 번째 정식 장편소설인 『호밀밭의 파수꾼』은 그의 이름을 단번에 세계 최고의 작가로 알리는 데 발판이 되었다. 그가 20세기 최고의 소설가 중 한 명으로 불리는 데에는 『호밀밭의 파수꾼』 단 한 권으로 족했던 것이다.

샐린저처럼 내 이름의 책 한 권을 세상에 선보인다는 것은 생각처럼 그리 쉬운 작업이 아니다. 이 세상에 자신의 이름으로 책 한 권을 내놓은 사람은 극소수에 불과하며, 그중에서 많은 독자들에게 사랑받는 책을 내놓은 사람은 거의 손에 꼽을 정도다. 그리고 샐린저처럼 불후의 명작을 탄생시키는 작가는 더더욱 드물다. 그러나 내 이름의 책한 권을 내면서 누구나 샐린저를 꿈꿀 필요는 없다. 샐린저가 될 수도 없고, 샐린저가 될 필요도 없다. 내 이름의 책 한 권을 통해 '더 좋은나' 그리고 '어제와 다른 나'를 만나는 것으로 족하다. 물론 책이 많은독자에게 선택받게 되면 좋겠지만, 그렇지 않다고 해서 내 이름의 책한 권을 통해 만난 '멋진 나'가 사라지거나 달아나는 건 아니다. 아마샐린저는 그 사실을 정확하게 알고 있었으리라. 소설을 통해 모든 것이 혼란스럽고 부대꼈던 어린 시절 자신을 만나고 그와 화해의 악수를 나누었으리라. 삶을 반추하고 그 안에서 나를 찾는 것, 이는 내 이름의 책 한 권이 가져다주는 가장 큰 선물이다. 선물은 언제나 자연스러움 속에서 그 기쁨이 가장 크게 구현된다. 책의 첫 페이지부터 마지막 페이지까지 가능한 물 흐르듯 자연스러움을 유지하기 바란다.

'어떻게'보다는
'무엇'에 집중하라

글을 쓴다는 건 어떤 행위일까? 내 이름의 책 한 권을 꿈꾸는 예비 저자들은 때로 글쓰기에 필요 이상의 의미를 부여하다 보니 선뜻 시도해보지 못하는 우를 범한다. 글쓰기는 뭔가 자신과 무관한 전문적인 영역이기 때문에 배우지 않고서는 글을 쓸 수 없을 거라고 지레짐작한다. 그래서 남들이 무슨 책들을 읽었는지, 어떤 글쓰기 강좌를 들었는지 귀동냥이라도 하려고 여기저기 기웃거린다. 하지만 곰곰이 생각해보면 우리는 이미 일상에서 많은 글들을 쓰며 살아간다. 회사 보고서나 기획서뿐 아니라 우리가 업무용으로 보내는 이메일, 문자, 카톡, 심지어 매일 끄적거리는 SNS 담벼락이나 영화 감상평, 맛집 리뷰에 이르기까지 무의식중에라도 짧고 단순한 글을 쓰지 않고 하루를 지내는 일은 거의 없다. 글쓰기 없는 삶은 상상할 수 없다. 글을 쓰고 읽고 전달하고 받는 일련의 과정에서 소통하지 못하는 현대인들은 사회생활조차 불가능해진다. 결국 글쓰기는 '어떻게'가 아닌 '무엇'의 문제로 귀결된다.

중요한 것은 책상에 앉아서 의지를 가지고 쓰느냐 마느냐의 문제다. '어떻게'에 매달리지 말고 '무엇'에 매달려라. 무엇에 매달리는 방법에는 여러 가지가 있는데, 첫 번째는 장차 내가 무엇을 쓸 것인가 염두에 두고 리스트를 작성하는 것이다. 예를 들어, 회사원으로서 느낀 것들을 책으로 남겨보고 싶다면, 직장생활과 관련된 에피소드나 경험, 교훈들을 매일 조금씩 써보는 것이다. 학창시절 해외 유학 경험이나 대학원 진학 관련 글을 쓰고 싶다면, 기억을 더듬어가면서 나에게 의미 있었던 사건과 일화들을 하나씩 정리할 수도 있다. 글을 쓰다 보면 어떻게는 점차 머릿속에서 사라지고 나도 모르게 무엇에만 오롯이 집중하게 된다.

두 번째는 내가 이미 써놓은 일기나 에세이, 개인 블로그 글을 발전시켜보는 것이다. 필자가 내 이름의 책 한 권을 진행한 저자들 중에 자신이 전에 쓴 글들을 정리해서 책으로 엮은 사례가 적지 않다. 성주엽 대표는 거의 30여 년 동안 자신이 써놓은 시와 글을 엮어 세 권의 단행본으로 출간을 진행했다. 박수경 소장은 자신의 상담소 블로그와 SNS에 올린 글들을 바탕으로 네 권의 책을 썼다. 그녀는 지금 필자와 다섯 번째 책을 구상하고 있다. 펫시터 책을 낸 박효진 교수는 대학에서 강의한 강의자료와 PPT를 가지고 자신의 첫 번째 책을 출간했다. 새로이 원고를 구상하기보다 이렇게 전에 쓴 글들을 정리해서 책으로 엮는 것은 책을 처음 출간하는 저자에게 손쉽고 빨리 그 과정을 앞당길 수 있는 매우 좋은 방법이 된다.

세 번째는 남의 글을 읽고 그 감상을 적은 것 역시 내 이름의 책 한 권으로 엮어낼 수 있는 좋은 재료가 된다. 보통 남의 글은 독서의 대상일 뿐이지 창작의 재료라고 생각하지는 않는다. 결코 그렇지 않다. 훌륭한 작가들 중에는 남의 글을 읽고 그 글을 비평하면서 자신이 저자로 바로 서는 경험을 했다. 자신이 평소 관심 있는 주제를 선정하여 일단 여러 권의 책들을 읽어라. 그중에서 반드시 내 마음을 때리고 깊은 감동을 준 내용들이 나오기 마련이다. 그러면 그 내용을 틈틈이 적어 둔다. 그러한 내용을 차후에 풍부하게 살리면 내 이름의 책 한 권이 탄생하는 것이다.

'어떻게'보다는 '무엇'에 집중하라

- 무엇을 쓸 것인가 리스트를 작성하라.
- 일기, 블로그 등 기존의 글을 발전시켜라.
- 책을 읽고 쓴 독후감을 확장시켜라.

두서없음의 무질서에서
질서를 창출하라

책은 어지러운 단상이나 순간 뇌리를 스치는 아이디어, 자잘한 에 피소드, 크고 작은 경험에서 나오는 여러 가지 정서들, 나만의 페이소 스 등이 한데 어우러져 탄생한다. 앞에서 이야기한 것처럼, 내 이름의 책 한 권이 세상의 그 어떤 책보다 더 가치가 있는 건 바로 이런 나만 의 경험과 이야기, 어디서도 찾을 수 없는 나만의 감정과 정서가 담겨 있기 때문이다. 그런데 문제는 이런 여러 가지 사건과 경험, 에피소 드와 단상들이 엮이다 보면 자칫 책이 마땅히 가져야 할 균형과 질서 를 잃은 채 그저 아무런 생각들을 내뱉은 글모음이나 앞뒤가 이어지 지 않는 잡동사니로 전락할 위험이 있다는 것이다. 게다가 훈련되지 않은 일반인에게 일정한 주제를 가지고 글의 소재를 분류하고 적절히 배치하라고 하면 대번 막막해 할 수밖에 없다.

무엇보다 책을 쓸 때 명심해야 할 것은 원고의 일관성을 주는 일이 다. 일관성은 단 하나의 주제만을 제시하는 논문이나 대중을 설득하 기 위해 쓰는 연설문에서만 필요한 게 아니다. 신변잡기적인 에세이 든, 삶을 반추하고 정리한 회고록이든, 내 이름의 책 한 권이라면 반드시 갖추어야 할 중요한 기준이다. 글을 본격적으로 처음 써보는 초보 저자들의 경우, 대체적으로 원고가 출판하기에 난감할 정도로 중구난방이다. 문법이나 맞춤법은 교정-교열을 받으면 되지만, 내용도 들쭉날쭉 제멋대로일 때에는 정말 답이 없다.

일관성을 갖춘 책은 쉽게 잘 읽히며 저자의 생각을 파악하는 데에도 어려움이 없다. 특히 표지에서부터 마지막 장까지 완벽한 선후관계와 수미상관의 일치가 이뤄지면, 독자는 책에서 분명한 메시지를 하나의 문장으로 쉽게 떠올릴 수 있다. 책을 다 읽고 덮었을 때, '아, 이 책은 이러이러한 내용이구나.'라는 생각이 떠오르지 않으면 그 책은 일관성을 갖춘 책이라 부를 수 없다. 그래서 내 이름의 책 한 권에는 유능한 편집 능력이 필요한 법이다. 스티븐 킹은 이렇게 말했다. "창작이 인간의 일이라면, 편집은 신의 영역이다." 책을 출간하는 사람으로서 매우 적절한 평가라는 생각이 든다. 세상에 나오는 모든 책들은 능숙한 편집자의 손을 거쳐 생명을 부여받는다. 웬만큼 완성도 있는 경우가 아니라면 저자의 원고는 대개 중구난방이다. 코디네이터를 만나기 전에 대부분의 원고는 형태도 제대로 갖춰지지 않은 무질서한 생각의 덩어리로 존재한다. 천지창조 때 신이 혼돈chaos에 질서cosmos를 부여했던 것처럼, 당신은 우주를 창조하듯 무질서한 원고에 생기를 불어넣어 생명의 약동으로 펄떡이는 세상에 단 하나 밖에 없는 내 이름의 책 한 권을 내놓을 수 있도록 부단히 준비해야 한다. 코디네이터나 유능한 편집자와의 만남은 그 다음이다.

물론 저자가 원고를 쓸 때 먼저 질서 있는 글쓰기를 한다면 훨씬 좋을 것이다. 초보 저자가 원고를 쓰면서 명심해야 할 제일 중요한 원칙들에는 어떤 것들이 있을까? 첫 번째, 어떤 일이 있더라도 주제를 명심해야 한다. 아무리 재미있고 흥미진진한 이야기라도 책의 전체적인 주제에서 벗어나는 내용이라면 원고에 넣어선 안 된다. 필자의 경우, 아무리 눈을 씻고 찾아도 책의 주제와는 직접적 관련이 없는데도 기필코 자신이 수개월 간 했던 백두대간 종주에 관한 내용은 책에 넣어야겠다고 고집을 피운 저자가 있었다. 미주알고주알 잡기적인 내용들을 어떻게든 엮어 책을 낼 수는 있지만, 그런 불필요한 에피소드들이 잦을수록 독서를 방해하고 글의 일관성을 해치는 요인이 된다는 점을 명심해야 한다.

저자의 입장에서 원고가 주제 안에 계속 머무를 수 있도록 돕는 약간의 팁을 준다면, 마인드맵을 적극 활용해 보는 것이다. 우선 대주제를 중앙에 써놓고 그 주변으로 동심원으로 퍼져나가면서 주제와 연관된 부차적인 사항들을 써보는 것이다. 그렇게 작성된 맵을 책상 앞에 붙여 놓고 작업을 하면서 늘 참고한다면 그나마 일관성 있는 원고를 쓰는 데 도움이 될 수 있을 것이다.

두 번째, 어떻게 보면 첫 번째 사항과 반대되는 조언일 수도 있는데, 비록 주제에 포섭되는 아무리 좋은 글이라도 계속 반복된다면 저자가 과감하게 생략할 수 있어야 한다는 것이다. 앞서도 언급했지만, 글의 분량을 늘이는 것보다 중요한 작업은 글에서 불필요한 부분을 덜어내는 일이다. 불필요한 부분에는 주제와 무관한 내용도 포함되지만, 설사 주제와 관련을 갖고 있다 하더라도 계속 중복되는 내용도 포함된다. 앞에서 나온 이야기가 시도 때도 없이 본문에 계속 출몰한다면 그것만큼 고역인 독서가 따로 없을 것이다. 아무리 좋은 꽃노래도 한두 번이지 좋다고 계속 불러 재낀다면 청중들 아무도 귀 기울여 듣지 않으려 할 것이다. 마찬가지다. 분량을 늘이기 위해 앞에서 한 이야기를 계속 반복하지 말라.

세 번째, 원고를 쓸 때 결론을 미리 적어두는 게 좋다. 흔히 전문적인 작가도 글을 쓰다 보면 자신이 예상했던 방향과 다른 쪽으로 글이 흘러가는 경우가 있다. 글밥을 먹고 사는 전업작가들도 그러한데 하다못해 초보 저자의 경우, 글을 쓰면서 길을 잃거나 방향을 놓치는 일이 비일비재한 건 당연한 일일 것이다. 미리 각 챕터의 결론을 써두거나 한 단락 안에서 글을 매듭짓는 게 좋은 이유다. 소설의 경우, 작가가 일부러 앞에서 복선을 여기저기 뿌려두고 거의 이야기 말미에 가서 어지러이 흩어져 있던 복선들을 하나씩 회수하지만, 비문학을 읽는 독자들의 집중력은 그렇게 길지 않으며 인내심은 생각처럼 그렇게 많지 않다. 저자 본인이 하고 싶은 이야기를 먼저 포인트 별로 써두고, 역순으로 그 결론에 맞는 에피소드나 이야기를 끌어내면 훨씬 일관성이 높은 본문을 쓸 수 있다. 한마디로 '거꾸로 글쓰기'를 하는 것이다.

무질서한 원고에 질서를 창출하라

- 주제에 집중하라.(마인드맵 작성하기)
- 같은 내용을 반복하지 말라.(생략의 미학)
- 결론을 미리 써두라.(거꾸로 글쓰기)

독자와 저자를 오가며
화두를 던져라

내 이름의 책 한 권의 첫 번째 독자는 저자 자신이다. 필자는 개인적으로 저자와의 미팅에서 저자가 곧 독자라는 말을 종종 한다. 제임스 패터슨은 말했다. "글을 쓰기 전에 항상 앞에 앉아있는 누군가에게 이야기한다고 생각하라. 그 사람이 지루해서 자리를 뜨지 않도록 하는 것이 글쓰기다." 여기서 누군가는 바로 자신이다. 저자는 자신의 글을 읽는 첫 번째 독자기 때문에 세상에서 가장 가혹하고 직설적인 평가를 받는 처지에 놓인다. 글을 쓰는 것은 거울을 마주보는 것과 같다. 그 거울이 신데렐라의 마법거울이든, 악수를 받을 줄 모르는 이상의 거울이든, 오롯이 나를 보여주는 매개다.

글쓰기는 어쩌면 독자에서 저자로의 이행移行에 있다고 할 수 있다. 독자讀者는 글을 읽는 사람이요, 저자著者는 글을 쓰는 사람이다. 사람은 누구나 세상에 태어나서 어린아이에서 성인으로 성장하는 과정을 겪는다. 철이 들면서 과거 어린아이였을 때 했던 행동들을 자연스럽게 벗어버리며 어른스러워진다. 성인이 되면 성인으로서 걸맞은 행동을 해야 하며 주변에서도 그런 기대와 대접을 받는다. 성인이 되고 나서도 어린아이의 태를 벗지 못하고 계속 어린아이처럼 행동한다면 어떻게 될까? 당연히 손가락질을 받게 될 것이다. 그런 점에서 어린아이와 성인 사이에는 불연속 지점이 존재한다. 하지만 어린아이가 성인이 되었다고 해서 당사자가 다른 사람이 된 건 아니다. 분명 몸도 자라고 생각도 많이 달라졌지만, 어른이 된 내가 어린아이였을 때의 내가 아닌 건 아니다. 여전히 과거의 나와 현재의 나는 연속적인 부분이 존재한다. 그런 점에서 어린아이와 성인 사이에는 연속 지점도 있다.

독자였을 때의 나와 저자로 성장한 뒤의 나 또한 마찬가지다. 독자였을 때의 내 생각과 가치관이 책을 출판한 이후 많이 달라졌을지라도 저자는 여전히 내 자신이다. 독자에서 저자로 신분이 바뀌면서 여러 가지 달라지고 상황도 바뀌었지만, 나는 나다. 동시에 책을 통해 저자로 변신한 나는 과거의 나와는 많이 다른 존재가 된다. 같지만 다른 존재가 된다. 작은 애벌레가 번데기가 되고 다시 나비로 변하는 과정을 변태metamorphosis라고 한다. 애벌레와 나비는 외형적으로 연관성이 없는 전혀 다른 존재처럼 보인다. 애벌레의 모습에서 나비의 날개를 찾는 바보는 없다. 그럼에도 애벌레가 번데기가 되지 않았다면 나비의 존재도 기대할 수 없을 것이다. 독자에서 저자로의 변신은 바로 이런 변태 과정과 같다. 완전히 다른 모습으로 변한 존재, 그러면서도 연관성의 끈으로 서로 연결된 존재가 바로 독자와 저자다. 이를 도표로 나타내면 다음과 같다.

독자	→	저자
READ		WRITE
글을 읽는 존재		글을 쓰는 존재
'글눈'으로 살기		'글밥'으로 살기
책을 '사는' 존재		책을 '내는' 존재
눈으로 경험하기		몸으로 경험하기

독자에서 저자로의 변신

이런 연속성과 불연속성이 존재하기 때문에 저자는 독자와의 사이를 오가면서 화두를 던질 수 있다. 내 이름의 책 한 권은 독자와 저자를 연결하는 소통의 통로가 된다. 독자와 저자 사이 '소통'이 안 되면 '불통'이 되고 불통에는 '고통'이 따른다. 요즘에는 대중 속에서 독자를 찾는 것도 쉽지 않다. 대중들 중에 극히 소수의 사람만이 독자로 올라서기 때문이다. 그래서 한 편집자가 그어놓은 대중과 독자의 경계는 매우 적절하다. "흔히 대중문화나 트렌드 속에서 대중은 갈대처럼 유행과 미디어에 휘둘리고 다소 경박하며 어디로 튈지 모르는 예측 불가능한 존재로 여겨지곤 한다. 하지만 내가 편집하면서 늘 최종적인 독자로 가정하는 대중이란 지극히 보통의 취향과 삶의 조건을 가진 사람들이다. 숙련된 독자가 아닌 사람, 책을 반드시 읽지 않아도 살 수 있고 살아가야만 하는 사람, 심오한 지식과 미학보다는 즉각적인 재미와 감동, 위록 당장 필요한 사람, 책값 15,000원을 낼 형편은 되지만 책보다 재밌는 것도 많고 돈 쓸 데도 많아서 서점에서 지갑을 여는 데는 제법 깐깐한 사람이다." *

　현실은 녹록치 않다. 아무리 출판사와 편집자가 발버둥 친다 하더라도 대중 속에서 글맛을 아는 독자 한 명 만들기가 여간 어려운 게 아니다. 편집자와 마케터가 머리를 싸매고 열두 번은 거꾸로 덤블링을 구사하는 묘기에 가까운 발악(?)을 해야 한두 명의 독자를 얻을 수 있을까 말까다. 게다가 그중에서 독자의 영혼을 뒤흔들고 마음을 빼앗는 멋진 책을 만들어 내는 건 더 어려운 일이다. 그런데 그 독자들 중에서 저자가 되는 건 이보다 훨씬 더 희박한 일이다. 내 이름의 책 한 권은 이처럼 독자 중에서 특별한 사람이 갖는 매우 희소한 기회다. 독자에서 저자의 지위로 올라서려는 여러 독자들의 도약에 박수와 응원을 보낸다.

───────────
* 이연실, 『에세이 만드는 법』, 유유, p.26

자연스러운 목차가
알찬 내용을 이끌어낸다

글의 내용만큼 중요한 것이 바로 글의 형식이다. 내용이 틀이나 규격을 채우는 재료라면, 형식은 안에 담긴 내용이 멋지게 드러날 수 있는 그릇과 같다. 수준급 셰프가 있는 시내 호텔 레스토랑에 가보았는가. 미슐랭 별 세 개를 받을 만큼 호평과 찬사가 끊이지 않는 레스토랑은 손님들에게 내놓는 음식의 맛도 맛이지만, 음식을 담아 내놓는 접시와 데코, 가니시garnish와 플래이팅plating 등 어느 것 하나 허투루 하지 않는다. 같은 안심을 구워내도 예술적 감각이 있는 셰프는 접시부터 부재료에 이르기까지 음식을 돋보이게 만드는 모든 미장센을 극적으로 활용한다. 보기 좋은 음식이 먹기도 좋다는 말이 진짜 빈말이 아니다.

책도 마찬가지다. 목차는 단순히 책의 내용을 순서대로 나열한 목록이 아니다. 표지 다음으로 잠재적 독자들에게 어필할 수 있는 책의 자랑스러운 명함과 같다. 필자의 경우, 목차 하면 언제나 떠오르는 에피소드가 있다. 과거 대학교수였던 저자의 책을 함께 작업한 적이 있었는데, 첫 미팅에서 그는 필자가 제시한 목차를 마다하고 자신이 직접 써온 목차를 고집했다. 일반 대중들을 대상으로 출간되는 단행본의 문법을 크게 벗어나지 않는다면 되도록 많은 부분을 양해하는 필자이기에 일단 저자의 목차를 수용했다. 그런데 목차와 원고를 깊이 있게 검토한 다음, 필자는 저자의 목차가 단행본을 기획하며 내놓은 게 아니라 전문적인 논문 쓰기용 목차라고 결론을 내렸다. 이대로 냈다가는 책의 경쟁력에 문제가 있을 것으로 판단했다. 그 다음부터는 저자를 설득하는 기나긴 줄다리기가 시작되었다. 끝까지 저자는 자신의 목차를 고수하려 했고 필자는 수정된 목차를 내밀었다.

물론 계속 고집한다면 의뢰인을 이길 방법은 없다. 결국 책은 저자의 고집대로 나오고 말았다. 그리고 몇 년이 지난 다음, 어느 날 바로 그 저자에게서 한 통의 전화가 걸려왔다. "얼마 전 같은 대학 동료가 낸 책을 보고 전화를 한다."며, "내용도 별 거 없는데 동료의 책에 비해 자신의 책이 너무 고지식하고 딱딱하게 느껴진다."는 말과 함께 당시 필자의 말을 듣지 않고 자신의 목차를 고집했던 게 크게 후회된다는 반성이었다. 만시지탄일 뿐이다. 저자는 내 이름의 책 한 권에 대한 거대한 환상을 가지고 있지만, 그렇게 전문가의 말을 듣지 않고 고집스럽게 낸 책이 볼썽사나운 자화자찬이거나 낯 뜨거운 용비어천가로 전락할 수도 있다는 사실을 몰랐던 것이다.

좋은 질문이 좋은 목차를 만든다

목차 구성이 편집자의 몫이라고 생각하는 저자들이 많은데, 사실 목차 구성은 원고를 쓰는 순간부터 시작된다. 좋은 목차는 어떻게 만들까? 좋은 질문이 좋은 목차를 만든다. 이 조언을 명심하면 좋을 것이다. 먼저 주제를 떠올리자. 주제를 떠올리고 관련된 중요 키워드들을 써놓으면 그에 대한 답변이 자연스럽게 떠오른다. 이때 너무 머리를 짜내서 이상적인 답변을 내놓으려고 하지 말고 가벼운 느낌에 따라 직관적인 답변을 떠올린다. 이른바 브레인스토밍brainstorming을 하는 것이다. 주제와 무관하지 않지만 그렇다고 주제를 너무 산문처럼 드러내는 답변은 좋지 않다. 시적poetic이어야 한다. 복잡한 문장도 간단한 하나의 단어로 압축할 수 있고, 때로는 언어가 아닌 그림이나 장면으로 나타날 수도 있다.

주제와 키워드에 대한 질문들에서 답변을 얻으면, 그 답변들을 주욱 늘어놓고 함께 묶일 수 있는 것들을 따로 분류한다. 이때 주의해야 할 것은 함께 묶을 때 기준이 되는 잣대 역시 중요하다는 점이다. 키워드의 분류에는 다양한 기준이 쓰일 수 있다. 지금도 여전히 학계에서 쓰이고 있는 분류법에서 린네Carl von Linné가 암술과 수술의 개수에 따라 식물을 분류했던 것처럼, 언뜻 아무런 일관성이 없어 보이는 눈앞의 키워드들을 일정한 원칙과 기준을 가지고 묶는 작업이 필요하다. 물론 주제와 연관된 키워드들이 지구상에 존재하는 복잡한 식물들처럼 다양하지는 않겠지만, 같이 묶일 수 있는 범주가 너무 넓지도 그렇다고 너무 좁지도 않아야 한다. 린네의 분류법에 종種 위에 속屬이 있고 속 위에 과科가 존재하듯, 목차에는 일정하게 묶인 그룹들끼리 다시 묶을 수 있는 상위 분류가 존재할 수 있다. 소재 단위로 글을 쓴다면, 그 소재들을 묶는 단위가 있고, 그 단위들을 묶는 장chapter이 있으며, 그 장들을 다시 묶는 부part가 있을 것이다. 이 부분은 뒤에서 다시 설명하겠다.

반드시 알아야 할 것은 목차가 처음부터 완벽하게 세팅되기 쉽지 않다는 사실이다. 목차는 원고와 함께 꾸준히 변화한다. 원고에서 목차의 지위는 언어철학에서 비유로 언급되는 소위 '노이라트의 배'와 같은 운명에 놓여 있다. 노이라트Otto Neurath는 바다 위에 멈춰버린 배를 언급한다. 선원들은 고장 난 배를 수선해야 하지만 망망대해에 놓여 있기 때문에 바닥부터 뜯어낼 수는 없다. 물이 배 안으로 들어오지 않게 하려면, 하나의 대들보를 빼내는 순간 다른 대들보를 동시에 넣어야 한다. 이렇게 선원들은 낡은 배를 완전히 새롭게 고칠 수 없으며, 다만 점진적으로 부품을 하나씩 맞교환식으로 넣어가며 고쳐야 한다. 마찬가지로 책의 목차 역시 완전히 들어 엎을 수 없고 원고가 만들어져 가는 과정을 보면서 조금씩 만들어가는 수밖에 없다.

하지만 초기에 구성된 목차가 제법 단단하다면 이야기는 다르다. 필자의 경우 워낙 오랜 기간 목차를 구성해온 경력 덕분인지 어지간해서는 처음에 결정된 상태에서 큰 수정이 거의 없다. 덕분에 의뢰인들이 원고를 진행함에 있어 나름 일관되고 부드러워진다. 조금 수고스럽더라도 스스로 많이 질문하고 답하라. 그러면 보다 견고한 목차를 구성할 수 있다.

제목만큼 배열도 중요하다

매우 잘 만든 영화임에도 흥행에 실패하는 작품들을 가만히 관찰해보면, 여러 가지 요소들이 있지만 무엇보다 영화의 편집이 엉망인 경우가 많다. 사실 천만 이상의 대박을 터트린 명작이든, 영화관에서 파리만 날리다가 일주일 만에 내린 실패작이든, 스토리 면에서는 좋이 한 장 차이일지도 모른다. 오늘날 전 세계에서 메가히트를 기록한 할리우드 상업영화 중에도 대부분의 스토리가 권선징악이나 사필귀정, 회자정리, 인과응보 정도로 수렴되는 영화들이 대부분이다. 이밖에 다른 주제를 띠는 영화는 도리어 대중들의 외면을 받기 일쑤다. 왜 그럴까? 이야기의 대중성이란 것은 인구통계학으로 갈 수밖에 없기 때문이다. 많은 사람이 찾는 영화가 가장 좋은 영화인 셈이다. 솔직히 스토리는 거기서 거기다. 대부분 명작名作과 망작亡作의 차이는 도리어 편집에 있다. 뻔한 이야기를 뻔하지 않게 전달할 수 있는 능력, 그것이 바로 영화 편집의 묘수라고 할 수 있다.

책도 마찬가지다. 뻔한 내용을 뻔하지 않게 보여줄 수 있는 능력, 즉 편집 실력이 첫 번째로 요구되는 곳이 바로 목차 구성이다. 내가 쓴 이야기를 독자들이 바라는 방식으로 정리하는 건 매우 중요하다. 이렇게 정리된 목차를 흔히 챕터chapter, 우리나라 말로는 장章이라고 부르는데, 안타까운 사실은 책을 쓰기 시작하는 많은 사람들이 챕터 구분의 감각을 갖고 있는 경우가 드물다는 점이다. 같은 피자라도 어떻게 자르느냐에 따라 전혀 다른 음식이 된다. 거짓말 조금 보태서, 같은 책이라도 어떻게 챕터 구성을 하느냐에 따라 매우 고급스러운 책도 되고 그냥 그렇고 그런 책으로 추락하기도 한다.

독자의 주의를 환기시키기 위해 매우 인상 깊은 내용이나 에피소드를 전면에 배치하는 것도 매력적인 목차를 만드는 비결이다. 이는 흔히 독자를 낚는다고 해서 후킹hooking이라고 부르는 기법으로 독자로 하여금 책에 기대감과 궁금증을 갖게 하고 구매로까지 이어지도록 만든다. 장 뒤에 내용을 전체적으로 정리하는 박스를 넣거나 부록들을 배치해 본문에 들어가지 못했던 전문적인 내용을 소개할 수도 있을 것이다. 편집의 묘妙를 잘 발휘한다면, 각 챕터 내에서도 독자들이 가장 알고 싶어 하는 부분, 사람들이 제일 궁금해 하는 내용을 전면에 배치해서 독자들이 흥미를 잃지 않고 계속 독서를 이어갈 수 있도록 배려하는 것도 가능하다.

목차 구성의 순서

- 먼저 전체적인 주제를 정한다.
- 주제에 맞게 키워드들을 선별한다.
- 키워드에 맞는 질문들을 떠올린다.
- 질문에 맞게 감각적 단어를 배열하라.
- 때로 순서를 뒤집어 놓는 것도 좋다.

"작가는 두 번 산다."
−나탈리 골드버그−

공감을 이끌어내는
삶의 진솔함이 가독성이다

09

'책도둑은 도둑이 아니다.'라는 말이 있다. 미국인 스티븐 블룸버그Stephen Blumberg는 20세기 최대의 책 도둑으로 불린다. 그는 책이 디지털화되기 전인 1980년대 미국 전역의 268개 도서관을 돌며 2만 3,600여 권의 책들을 훔쳤다고 한다. 블룸버그가 거쳐 간 도서관은 하버드대학을 비롯한 미국 내 유수의 대학 도서관이었다. 그가 훔친 책들의 가치는 1990년 그가 체포되던 당시 530만 달러에 무게만 해도 19t에 달했으니 동서고금을 막론하고 지금까지 알려진 스케일로 봐서 서도書盜 중에 단연 으뜸이 아니었을까 싶다. 왜 그는 책을 훔쳤을까? 아이오와 주 출생인 그는 연간 7만2천 달러의 가족 신탁 펀드로 살아

267

갈 정도로 생계에 별 문제 없이 지낼 수 있었다고 한다. 다만 그는 어려서부터 책을 보면 수집하려는 강박관념에 사로잡혀 동네를 기웃거리며 남의 집을 문을 따고 들어가 책을 들고 나오는 행각을 벌였다.

그가 본격적으로 책을 훔치기로 결심했던 것은 자신의 컬렉션을 만들어야겠다는 결심이 섰을 때였다. 블룸버그는 대학 교수의 신분증을 훔친 다음 전문 연구자를 사칭해 여러 대학의 도서관을 자유롭게 드나들며 자신이 미리 점찍어 둔 고문서만을 노렸다. 미리 제작한 외투를 입고 도서관에 들어가 옷 안에 달려 있는 주머니에 책을 넣어 가지고 나오는 매우 단순한 방식이었다. 주도면밀하게 책 안쪽에 붙어 있는 경보장치를 떼어내는 것도 잊지 않았다. 들키지 않고 무사히 가지고 나온 책은 대출카드를 떼어내고 도서관의 흔적들은 사포로 일일이 지웠다. 하지만 꼬리가 길면 잡히는 법! 그는 1990년 결국 경찰에 체포되어 20만 달러의 벌금에 71개월 형을 선고 받고 교도소에 수감되었다. 재판 과정에서 정신감정을 받던 중, 그가 청소년기에 여러 번 정신병원에 입원했는데, 당시 복수의 정신과의사가 그에게 정신분열증, 망상증, 편집증, 강박증 등의 다양한 진단을 내렸다는 사실이 밝혀졌다.

백 년 전만 하더라도 책은 매우 귀한 물건이었다. 그래서일까? 책도둑 중에는 보통 책은 읽고 싶은데 돈은 없는 고학생이나 청소년들

작은 낡 껍질의 시작, 내 이름의 책 한 권

이 많았는데, 지금으로부터 거의 백 년 전인 1925년에도 비슷한 일이 서울 시내 한복판에서도 일어났다. 당시 「매일신보每日申報」에는 서울 원동에 거주하는 26세의 한 청년이 시내 일한서방日韓書房에서 가나자와 소사부로金澤庄三郎의 『사림辭林』을 훔쳐 달아나다 잡혔다는 기사가 실렸다. 저자인 가나자와 소사부로는 일본어와 한국어의 뿌리가 같다는 '일한양언어동계론日韓兩言語同系論'이라는 학설을 주장했던 당대 유명한 일본 학자였는데, 『사림』은 바로 그가 펴낸 사전이었다고 한다. 과거에는 학교를 졸업하거나 진학을 할 때 학생들에게 영한사전이나 한자옥편을 선물하던 문화가 있었다. 가끔 자신이 쓰던 사전을 그대로 넘겨주는 선배들도 있었다. 그만큼 공부를 하는 사람들에게 사전은 매우 유용한 학용품이면서 세대를 가로지르는 꽤 격조 있는 선물이었다. 이젠 주변에 책도 흔하고 값도 싸져서 책을 훔치는 이들도, 책을 선물하는 사람도 보기 드문 세상이 되어버렸다. 한편으론 조금 씁쓸하기도 하다.

독자들은 지금 내 이름의 책 한 권을 이야기하면서 왜 책도둑 이야기를 하나 싶을 것이다. 맞다. 뜬금없다. 하지만 필자가 이야기하고 싶은 것은 훔침이다. 책 도둑은 물질적 책은 훔쳤지만 정작 그 책에 담긴 저자들의 삶까지 훔치진 못했다. 아이러니하게도 이게 가슴 아프다. 삶의 진솔함이 가득 담긴 여러분의 책 한 권은 무수히 많은 독자들로부터 책이 아닌 공감을 도둑맞기 바란다.

THE LANCET
1894.—II.

혹시 호모 나란스homo narrans라는 말을 들어보았는가. '이야기하는 사람'이라는 뜻이다. 인간을 지칭하는 학명 중에 흔히 알려진 호모 사피엔스가 '생각하는 사람'이었다면, 호모 나란스는 그 생각하는 사람이 자신의 사유를 머릿속에만 간직하고 있는 게 아니라 주변 사람에게 전달하려는 관심과 능력을 가진 존재임을 드러내준다. 과거 호모 사피엔스가 사유를 인간만의 독특한 능력으로 꼽았다면, 호모 나란스는 이야기가 인간과 동물을 구분하는 중요한 기준이라고 말한다. 인간은 스토리텔러storyteller다. 이야기를 전하고 이야기를 들으며 관계를 맺고 삶을 살아간다. 인간에게 이야기는 타자와 소통할 수 있는 매체인 동시에 삶의 목적이기도 하다.

  우리에게 천일야화로 알려져 있는『아라비안나이트』역시 이러한 호모 나란스로서의 인간을 잘 보여주는 일화다. 페르시아의 왕이었던 샤한샤 샤리아르는 자신의 아내가 노예와 바람이 난 것을 보고 단칼에 죽였는데, 그 트라우마 때문인지 매일 밤 남자를 알지 못하는 처녀와 하룻밤을 잔 다음 그 처녀를 처형하는 고약한 버릇을 갖게 되었다.

그렇게 죽어나간 처녀만 헤아려도 이미 수백 명. 그럼에도 그의 기괴한 폭력이 그칠 줄 모르자 '이러다가 나라에서 처녀가 남아나질 않겠다.'며 왕을 모시는 대신을 비롯하여 백성에 이르기까지 걱정하기 시작했다. 이에 지혜로운 세헤라자데는 일부러 왕과 결혼하고 매일 밤 샤리아르에게 이야기를 하기 시작하고, 결정적인 순간에 다음 날을 기약하는 그녀의 스토리텔링 때문에 이야기의 결론이 궁금했던 왕은 그녀를 살려두기로 결심했다. 그렇게 천일하고도 하루 동안 이야기를 이어갔던 세헤라자데의 스토리텔링은 어느덧 왕의 마음을 누그러뜨렸고 학살을 중단하게 만든다. 그 사이 그녀는 왕의 아들을 셋이나 낳았고, 마침내 모든 이야기가 끝났을 때 왕은 그녀가 전해준 스토리에 깊은 감명을 받게 되어 죽음의 광시곡을 멈출 수 있었다. 이처럼 이야기는 사람을 움직이는 거대한 힘을 갖고 있다.

　사람들은 이야기를 좋아한다. 마치 자신의 이야기를 보는 것 같은 이야기에 사람들은 열광한다. 요즘 어디를 보나 이야기가 넘쳐난다. 하다못해 시청자들이 광고를 보고 자신의 이야기인 것처럼 빠져 들게 만드는 스토리텔링 마케팅까지 나왔다. 이야기에서 공감은 매우 중요한 질료資料다. 아리스토텔레스는 『시학』에서 극중 주인공의 아픔을 보고 함께 눈물을 흘리며 공감할 때 감정의 정화가 일어난다고 말했다. 비극을 통해 내면의 슬픔과 상처가 상당 부분 치유되고 말끔히 씻겨나가는 이런 감정을 이른바 카타르시스catharsis라고 한다. 물론 이야기의 공감에는 카타르시스만 있는 건 아니다. 독자는 이야기를 통해 주인공에게 자신을 투사하는 감정이입empathy을 경험한다.

문학적 공감은 시나 소설, 수필, 에세이 같은 문학literature을 통한 공감으로 등장인물이나 작중화자에 감정이입을 통해 독자로 하여금 마치 자신의 이야기를 읽고 있는 듯한 착각이 들게 만든다. 문학적 공감은 자신과 다른 처지와 배경의 인물이 되어 보는 간접 경험을 통해 작품 속에서 제2의 삶을 살면서 독자는 현실에서의 삶에 대한 의지, 더 열심히 살아야겠다는 다짐을 하게 된다. 반면 비문학적 공감은 인문서나 전문서적, 실용서 같은 종류의 비문학non-literature서에서 주는 공감으로 저자의 주장이나 논지에 대한 동의를 통해 지식욕을 채우는 방식으로 이루어진다.

문학적 공감	비문학적 공감
소설, 수필, 자서전, 회고록 등	인문서, 전문서적, 실용서 등
등장인물이나 작중화자에 공감	논지나 주장에 공감
인생의 희로애락을 느낌	주제의 금과옥조를 배움

문학적 공감 vs 비문학적 공감

공감은 이해에서 온다. 사람은 아는 만큼 이해하게 되고, 이해하는 만큼 공감하게 된다. 내 이름의 책 한 권은 소통을 넘어 독자와 저자의 공감과 이해를 나눌 수 있는 소중한 통로가 된다. 비문학적 공감은 저자의 경험을 마치 박물관의 밀랍처럼 사실감 있게 묘사하며 실험실의 표본 박제처럼 절절하게 전달한다. 문학적 공감은 저자의 정서를 독자들에게 달콤한 솜사탕처럼 신비롭고 아름답게 보여준다. 그런 의미에서 문학이든 비문학이든 내 이름의 책 한 권은 단순히 저자의 내면을 비추는 거울을 넘어 다양한 색종이와 거울이 시시각각 추상적인 도형을 만들어내는 멋진 만화경kaleidoscope이다.

삶의 이야기가
녹아 있지 않으면 공허하다

　독자들에게 공감을 끌어내기 위해서는 책에 삶의 이야기가 녹아 있어야 한다. 우리가 책에서 얻은 가장 소소한 이야기는 인생의 파고를 헤쳐 나갈 수 있는 힘을 갖고 있다. 아마도 이런 작업을 가장 잘 해내는 직업군이 목회자다. 어차피 그들 자신도 신을 본 적이 없다. 신을 봤다고 주장하는 사람이라면 신비주의자 아니면 정신분열자니까. 자신도 보지 못한 신을 이야기해야 하는 직업적 한계에서 그들이 선택한 방법은 바로 경험과 예화다. 거칠게 말하면, 목회자의 직접 경험과 간접 경험 이외에 설교에서 들을 수 있는 건 하나도 없다. 즉 내가 직접 보고 듣고 경험한 내용을 풀어 놓거나 아니면 책이나 매체를 통해 간접적으로 보고 듣고 경험한 내용을 마치 자신의 경험인 것처럼 풀어 놓은 게 설교라는 양식이다.

　교훈을 주기에 급급한 설교는 듣는 이로 하여금 가슴이 꽉 막히는 부담감을 선사한다. 그렇다고 처음부터 끝까지 예화들로만 채워진 설교는 듣고 나면 '내가 오늘 뭘 들었지?'하고 되묻게 한다. 마찬가지다. 삶의 이야기가 녹아 있지 않은 책은 속이 텅 빈 강정과 같다. 칸트는 일찌감치 '개념 없는 직관은 맹목이고, 직관 없는 개념은 공허하다.'고 말했다. 이를 출판에 빗대면, 이야기 없는 주제는 맹목이고 주제 없는 이야기는 공허하다. 처음부터 끝까지 이야기는 없고 죄다 빡빡한 교훈과 메시지만 담고 있는 책은 한껏 양미간에 힘을 주며 읽어야 하는 도덕교과서나 쌍팔년도 교련 시간 정훈을 듣는 것 같은 퍽퍽함이 느껴진다. 반대로 주제와 상관없는 이야기만 나열된 책은 그 이야기들이 아무리 흥미진진하더라도 다 읽고 나면 허무하기 이를 데 없다. 1990년대 초반 『최불암 시리즈』라는 저자미상의 출판물이 나온 적이 있었다. 당시 세기말 허무주의를 반영했던 책은 꽤 적지 않은 부수가 나갔던 것 같다. 그런데 오늘날 그 책을 기억하는 사람은 아무도 없다.

필자와 함께 내 이름의 책 한 권을 작업했던 한 저자의 사례가 떠오른다. 그는 유명 대학병원의 ○○과 전문의였는데, 오래전부터 질병과 예방법에 관한 자신의 이름으로 된 대중서를 쓰고 싶어 했다. 그 분야에서는 공중파 TV에도 얼굴을 비추고 전국적으로 꽤 잘나가는 유명 의사였기 때문에, 필자가 보기에는 도저히 짬을 내서 글을 쓸 수 있는 상황이 아니었다. 하지만 책을 내겠다는 일념이 컸는지 수년에 걸쳐 축적해왔던 임상자료들과 PPT를 기반으로 꼬박 200자원고지 800매 정도의 원고를 완성해서 필자를 찾았다. 저자가 워낙 내 이름의 책 한 권에 대한 의지가 강했기 때문에 결국 필자도 그와 작업에 임하게 되었다. 그런데 문제가 발생했다. 저자가 내민 원고는 처음부터 끝까지 무슨 대학교에서나 쓸법한 전문 의학 교과서를 방불케 했다. 첫 장부터 마지막 장까지 죄다 의료 관련 전문용어들로 도배되다시피 했고, 정작 중요한 삶의 이야기는 가뭄에 콩 나듯 한참을 읽어야 드문드문 눈에 띌 뿐이었다. 시험공부를 하는 수험생이 아니라면 정말 이런 퍽퍽한 원고는 아무도 읽을 것 같지 않았다.

필자는 저자와 긴 시간 이야기를 나누며 기존 원고를 절반가량 덜어내야 하며 대신 그 부분에 지금까지 임상에서 만난 환자들의 사례를 채워야 한다고 설득했다. "원장님, 이 책을 누가 볼까요? 국가고시를 준비하는 의과대학생들이 아니라 자신의 병을 낫고 싶어 하는 환자들이 볼 겁니다. 그런 환자들이 책을 통해 가장 알고 싶어 하는 부분은 전문적인 의학 지식이 아니라 남들이 병을 어떻게 치료했는가 하는 부분입니다." 저자는 필자의 지적을 겸허하게 받아들였다. 그 분야의 전문적인 책을 내는 건 조금 나중으로 미루고 이번에는 가볍게 맛보기로 책을 낸다는 느낌으로 가자고 설득했던 게 주효했다. 아쉬운 마음을 뒤로 하고 저자는 일반인이 보기만 해도 머리가 아플 고급 정보들을 싹 지우고 그 사이사이를 자신이 직접 치료했던 환자들의 사례들로 채웠다. 물론 대필작가의 도움도 받았다. 결국 그렇게 바뀐 원고로 책이 나왔다. 며칠 뒤 완성된 책을 받아든 저자는 냉큼 필자에게 전화를 걸어와서 필자의 생각이 맞았다고, 책이 너무 잘 나왔

다고 감사를 표했다. 시장의 반응도 좋았다. 그 책은 실용서 분야 상
위권에 꽤 오랫동안 머물러 있었다.

진솔하고 겸허하되
자존감을 겸비하라

　내 이름의 책 한 권에는 삶의 이야기를 담아내는 것만큼 진솔하고 겸허한 자세를 갖는 것도 중요하다. 자칫 삶의 드라마틱한 과정들을 쓰다 보면 괜히 글에 힘이 들어가고 자기도 모르게 자랑들을 늘어놓게 되기 때문이다. 삶의 이야기에는 진솔한 저자의 모습이 그대로 드러나야 한다. 글에서 느껴지는 진정성authenticity이 중요하다. 진정성에서 글의 권위authority가 나온다. 영어 단어 권위의 어원은 저자author다. 진정성이야 말로 저자가 반드시 지녀야 할 덕목이라고 할 수 있다.

　가끔 만나게 되는 책들에서 따뜻한 인간미를 느끼고 입가에 미소를 짓는 경우가 있다. 책이 주는 재미와 즐거움도 있겠지만, 무엇보다 단어 하나하나에 저자의 진심이 느껴지기 때문이다. "당신이 어느 책 한 권을 사랑하면, 많은 사람들도 그렇다는 데에 의심의 여지가 없다. 그러한 사랑 덕분에 우리는 서로 인연을 맺고 이 세상에 혼자가 아니라는 기적 같은 감정을 느끼게 된다. 이것이 모든 책을 꿰뚫는 요지다. 책은 다른 사람이 이 세상을 보듯 우리가 세상을 보게 해주고 서로를 이해하도록 도우며, 우리 모두는 같은 인간이라는 점을 일깨워

준다."*

　필자는 함께 작업을 하게 되는 초보 저자들에게 언제나 이 부분을 강조한다. '내 이름의 책 한 권은 훈장이나 트로피를 만드는 게 아니다.' '과거를 반추해 얻어지는 소소한 깨달음이 아닌 극적인 반전과 비범한 경험만을 고집하지 말라.' 간혹 저자들 중에서 이런 조언을 힘들어하는 분들도 있다. 그간 꽁꽁 숨겨왔던 삶의 이야기를 내 이름의 책 한 권에 털어 놓는 것에 가끔 마음에 부담을 느끼는 것이다. "이 이야기는 하고 싶지 않습니다." "아 죄송하지만, 이 부분은 뺄 수 있을까요?" 아직 과거의 나를 직면할 용기가 나지 않는 것이다. 충분히 이해한다. 쓰라린 기억들을 바라볼 엄두조차 나지 않을 때는 잠시 원고를 멈춰도 좋다. 마음에 튼튼한 힘줄이 붙고 과거를 정리해 놓을 마음의 터가 잡혔을 때 다시 펜을 들어도 된다.

　반대로 내 이름의 책 한 권을 쓰면서 모든 이야기를 털어 놓아 자신의 아픈 과거와 작별하고 새 삶을 살아가려는 저자도 있다. 이 이야기를 할 때마다 생각나는 한 저자는 한때 투자 실패로 인한 금융사범으로 감옥에 갔던 과거를 스스럼없이 원고에 쏟아놓아 필자를 당혹케 했다. 보통 없던 기억은 미화하고 안 좋은 기억은 삭제하거나 변명하

* 제인 마운트 저, 『우리가 사랑한 세상의 모든 책들』, 진영인 역, 아트북스, p.10)

기에 바쁜 게 자서전이라는 장르다. 게다가 그 저자는 자서전 출간과 함께 정치활동을 시작하려는 사람이었기에 도리어 필자가 말리고 싶은 심정이었다. "자서전인데 괜찮으시겠어요?" 저자는 의외로 덤덤하게 답했다. "문제없습니다. 괜히 숨기는 게 더 이상하죠. 이름만 검색하면 언제고 알 수 있는 사건이었는데, 이렇게 처음부터 오픈하고 시작하는 게 더 좋습니다." 그 저자의 생각이 옳다. 솔직함이 도리어 당당함으로 느껴졌다. 자존감은 이렇게 솔직할 때 얻어지는 법이다.

THE LANCET

1894. — II.

그 어떤 당위성으로도
가르치려 하지 마라

　책 속에 길이 있다는 속담이 있다. 그 길은 자신이 찾아야 한다. 책은 독자에게 길을 제시해준다. 대부분의 사람들은 훈계를 싫어한다. 무턱대고 가르치려 드는 사람과는 대부분 말도 섞고 싶어 하지 않는다. 글을 읽고 있는데 괜히 선생님에게 꾸중을 듣고 있는 느낌이 드는 글이라면 뭔가 시작부터 잘못된 글인 셈이다. 자서전을 쓰는 저자들 중 많은 이들이 꼰대와 같은 글쓰기를 한다. "내가 이렇게 성공했으니 당신은 그냥 잠자코 들어라."라는 정서가 행간에 짙게 깔려 있다. 당연히 자화자찬 용비어천가 같은 글이 나온다. 독자들은 인내심이 그리 많지 않다. 한두 번은 애교로 봐줄 수 있지만, 처음부터 끝까지 그런 식의 글이 이어진다면 몇 장 넘다가 바로 책을 덮고 만다.

　그 어떤 당위성으로도 가르치려 하지 마라. 필자가 꼭 저자에게 당부하는 말이다. 한 번은 어려서 고향을 떠나 서울로 상경하여 장사로 큰돈을 번 저자가 필자를 찾아왔다. 내 이름의 책 한 권을 쓰고 싶다는 거였다. 전형적인 흙수저 출신의 자수성가형 부자였다. 이미 논현동에 큰 건물을 갖고 있었고 자신의 젊음을 투자해서 세워 올린 가게는 여전히 건재했다. 대필작가를 붙여 인터뷰를 진행하여 원고를 만들었다. 그런데 초고를 보고 저자가 클레임을 걸었다. "이거 제 이야기 아닙니다. 너무 이상해요." 필자는 저자를 만나 한참 동안 이야기를 들었다. 때론 격정적인 불만도 토로했지만 대부분의 경우 그는 점잖은 말투로 조곤조곤 필자를 설득했다. 전체적으로 이야기를 들어보니, 결론은 원고가 그리는 자화상이 마음에 들지 않는 거였다.

이럴 때는 원고를 고치면 된다. 간혹 대필작가의 작업물에 만족하지 못하는 저자도 있기 때문이다. 필자는 저자가 원하는 방향을 찾기 위해 여러 질문들을 던졌다. "사장님, 그럼 어떤 식으로 원고를 고치면 될까요?" 필자의 질문을 듣자마자 그동안 내내 교양으로 무장하고 있던 그의 몸짓 사이로 양보할 수 없었던 자존심이 순간 번뜩였다. "그래도 제가 명색이 ○○○를 세운 사장인데, 이러이러한 부분은 본문에 나와야 하는 거 아니겠습니까?" 그리고 저자는 바로 이어서 이렇게 말했다. "지금 집권당이 문제가 많은 건 다 아는 이야기 아닙니까? 작가랑 인터뷰를 할 때도 분명히 제가 그들의 실정을 바로잡고 대안을 제시했는데 그 부분은 홀랑 빼먹었더군요."

자신의 삶을 정리하는 회고록에 현 정부를 비판하는 내용을 싣겠다니? 뭔가 앞뒤가 전혀 맞지 않는 내용 아닌가? 도리어 대필작가가 원고를 쓰면서 그 부분을 뺀 건 너무 잘한 일이었고 필자는 십분 대필작가의 심정을 이해할 수 있었다. 물론 저자의 입장도 이해가 가지 않는 건 아니었다. 얼마 전 본점을 두고 가까운 거리에 분점을 하나 내면서 건물 허가 문제로 구청과 잡음이 있었으며, 그 과정에서 자연스럽게 그는 자신을 힘들게 했던 것이 전부 현 정부의 강력한 부동산 규제 정책 때문이라고 생각했던 것이다. 결국 필자의 설득으로 마음을 접었지만, 속 시원히 쓰지 못해 못내 아쉬워하는 느낌까지 지우지는 못했다. 내 이름의 책 한 권을 내면서 정치적 프로파간다를 설정하고 자신의 책을 시위 피켓으로 삼으려는 분들이 드물게 있다. 꼭 정치적인 목소리가 아니더라도 사회문제나 문화현상을 가지고 비판하고 개혁을 주장하려는 이들이 종종 빠지는 함정이 있는데, 그것은 책을 통해 자꾸 독자들을 가르치려고 드는 자세다. 이런 자세는 솔직한 게 아니라 무례한 것이다.

"글쓰기는 그 자체로 보상이다."
−헨리 밀러−

책의
탄생 과정은 다양하다

10

책을 불태운다는 사고는 인간의 역사에서 매우 오래전부터 형성되었다. 기원전 213년, 당시 중국을 통일했던 진나라 시황제는 자신이 다스리는 일국의 태평성대를 위해 사상을 통제하고 학자들의 입을 막으려고 했다. 그는 먼저 진나라의 철학과 정책을 설명하는 기록들만 남긴 채 모든 다른 주장을 이설異說로 몰아 불태웠다. 분서焚書였다. 이렇게 중국의 찬란했던 고대 기록들은 한 미치광이 황제에 의해 불살라지고 만다. 그래도 직성이 풀리지 않았던 진시황은 그 다음으로 자신의 정치를 비판하고 반대하는 유학자들을 산채로 땅에 묻었다. 갱유坑儒였다. 눈부신 철학과 다양한 사상이 이렇게 끊어지고 만다. 중국의 분서는 이후 근대에 접어들며 다시 일어난다. 1966년, 중심에서 물러났던 마오쩌둥이 자신의 정치적 지위를 되찾기 위해 전국의 홍위병들을 이끌고 문화대혁명을 시작했다. 프롤레타리아 민중들을 타락시키는 부르주아의 낡은 이념과 문화 및 풍속이라는 이유로 공산주의를 배격하는 서적들을 불 지르고 과거 유교 이념을 드러내는 고서들을 불태웠다.

책을 불태우는 일은 중국에서만 일어난 건 아니었다. 중세 유럽에서는 그리스도교의 교리를 위협하거나 불온한 이단 사상을 퍼트리는 책들을 금서禁書로 지정하여 공개적으로 불살랐다. 16세기, 가톨릭교회는 이른바 금서목록Index Librorum Prohibitorum을 지정하여 숱한 신학자와 철학자들을 탄압하고 그들의 책을 태웠다. 개중에 가장 악질적인 책들은 만지거나 볼 수도 없었고, 심지어 벽난로의 땔감으로도 쓰지 못하게 했다. 1933년, 정권을 잡은 나치당의 히틀러는 독일인의 정신을 더럽힌다는 죄목으로 비독일적인 서적들을 광장에 쌓고 불 지르는 이른바 '베를린 분서' 사건을 일으킨다. 이 일을 위해 전국 대학 도서관에서는 나치당원들에 의해 무차별적으로 도서들이 불태워지거나 폐기되었다. 눈엣가시였던 유태인들의 책과 함께 마르크스, 마르틴 루터, 에밀 졸라, 카프카의 책들이 모두 불탔다.

영화 「이퀼리브리엄」을 보면, 인간의 미래에는 격정적인 감정을 일으킨다는 책과 음악, 예술 모두를 금지하고 탄압하는 디스토피아가 등장한다. 마치 괴벨스가 '비독일인의 영혼을 정화시킨다.'는 명목 하에 책을 불태운 것처럼, 숱한 책들이 불태워지는 장면이 영화 중반에 여러 차례 나온다. 미래의 사람들은 감정을 통제하기 위해 프로지움Prozium이라는 약물을 매일 처방받으며 평정심을 유지하며 살아간다. 지하에 머물며 독서와 음악 감상을 하는 감정유발자들은 국가의 안전을 위협하는 테러리스트로 분류되어 처단된다. 영화 초반에 주인공 프레스턴의 동료였던 파트리지가 예이츠의 시집을 읽다가 살해당하기도 한다.

독재자는 왜 책을 불태우는 것일까? 그것은 책이 사상의 보고이자 정신의 요람이기 때문이다. 인간이 책을 만들지만, 책은 그러한 인간을 인간으로 만든다. 책이 불타는 사회는 인간으로서 희망을 모두 잃은 사회며, 책을 불태우는 지도자는 인간 정신을 말살하는 독재자다. 그래서 독일의 시인 하인리히 하이네는 책을 불태우는 사회의 폭거를 보며 "책을 태우는 곳에서는 사람도 불타게 되어 있다."고 일갈했다. 단 한 권의 책이 때로는 역사의 물줄기를 틀고 새로운 혁명의 도화선이 될 수도 있는 것이다.

이처럼 책 한 권이 지니는 위력은 참으로 어마어마하다. 그리고 그 위력만큼이나 책의 탄생과정도 언제나 다채롭고 역동적이다.

길고 지루한 싸움을
스스로 이겨내는 자신감

　흔히 우리는 힐러리 경Sir Hillary Edmund Percival이 최초로 지구의 지붕이라 불리는 에베레스트 정상을 정복했다고 말할 때 그와 함께 했던 많은 셰르파들을 떠올리지 않는 경향이 있다. 1953년, 뉴질랜드 출신의 오지탐험가인 힐러리가 빙벽을 이용하여 에베레스트를 등반했을 때, 처음부터 끝까지 그 옆에는 네팔의 셰르파 텐징 노르게이Norgay가 함께 있었다. 그는 당시 힐러리보다 나이도 네댓 살 많았고, 에베레스트 정상에 비공식적으로 오른 경험만으로도 수십 번에 달했다. 이를 잘 알았던 힐러리는 등반대를 이끌며 자신이 가장 신뢰했던 동료가 노르게이였다고 술회했다.

　출판이라는 작업도 비유하자면 에베레스트 산을 등반하는 것 못지않다고 생각한다. 첫 등정이라면 그 누구보다 셰르파의 도움이 필수적이다. 중간에 아찔한 협곡도 만나고 때로는 눈사태로 생사를 오가는 경험도 한다. 이때 지리에 밝은 셰르파는 가장 빠르고 안전한 루트를 제시하여 등반대 구성원들의 시간을 단축시키고 생명을 보호한다. 코디네이터 역시 셰르파처럼 초보 저자의 등반을 돕는 역할을 맡고 있다. 필자가 만난 저자 중에서 셰르파의 가장 기본적인 역할만으로도 충분했던 저자가 바로 오여진 선생님이었다. 오 선생은 필자에게 글을 보내오고 피드백을 주고받으며 힘겹게 원고를 썼지만 처음부터 끝까지 혼자의 힘으로 등정한 경우에 해당했다. 그녀의 집념은 1부에서의 짤막한 일화에도 담겨있는데 그녀 역시 처음에는 원고를 쓰다가 길을 잃고 헤매는 어려움도 겪었지만 필자가 몇 번 원고의 방향을 제대로 잡아 주었더니 어느 때부터인가 자신감을 되찾으며 그녀 스스로 원고 작업을 이어나갔다. 결국 몇 개월 동안의 지루한 싸움 끝에 그녀는 거친 산의 정상에서 살며시 미소 지을 수 있었다.

누구나 태어나면서부터 글을 잘 쓰는 사람은 없다. 처음에 몇 번은 어려움을 겪으며 자신감을 상실할 수 있지만 스스로의 싸움을 지속하다 보면 어느 단계를 지나 다시 중심을 잡고 글을 쓰게 된다. 코디네이터가 하는 일은 그런 저자에게 용기를 주고 다시 도전할 수 있도록 옆에서 응원하는 것이다. 굳이 코디네이터의 응원이 없다 해도 길고 지루한 싸움을 스스로 이겨내는 자신감만 있다면 당신은 온전히 당신의 힘으로, 당신의 산을 멋지게 정복할 수 있으리라 확신한다.

중심에서 효율성과
합리성을 조율하는 현명함

　요즘 주변에 보면 책쓰기와 관련된 강좌나 영상이 적지 않다. 적게는 10차시에서 많게는 수개월 동안 글쓰기를 강의하는 걸 보고 있노라면 과연 저게 가능할까 하는 생각이 들기도 한다. 글쓰기 강좌의 가치나 효용성을 부정하는 건 아니다. 다만 오랜 출판인으로서의 경험과 짧지 않은 코디네이터로서의 경력에 비추어 볼 때, 이쪽 분야에 아무런 기초와 배경이 없는 일반인이 글을 한 편 쓴다는 것, 그것도 남들이 보지 않는 일기장에 혼자 끼적거리는 게 아니라 대중적으로 판매되는 단행본을 공식적으로 출간하기 위해 '제대로' 글을 쓴다는 것이 그리 쉬운 작업은 아니라는 것이다. 이렇게 말하면 일말 마음 한구석에 남아있던 글쓰기의 희망과 욕구조차 아예 날려버리는 가혹한 언사가 될지도 모르지만, 혼자 책 한 권을 제대로 쓰는 건 정말 힘겨운 일이다.

　독자들의 상식과 능력을 무시해서 이런 말을 하는 게 아니다. 톱니바퀴처럼 맞물려 돌아가는 바쁜 일정과 생업의 부담으로 진득하게 앉아서 삶을 반추하고 거기서 얻어지는 깨달음을 다시 체계적이고 정련된 글로 옮긴다는 것이 말처럼 그렇게 쉬운 일이 아니기 때문이다. 한 두 달 글쓰기 강좌를, 그것도 1:1 첨삭 수업도 아닌 대중강의를 들어서 해결한다? 말도 안 되는 일이다. 필자는 글쓰기에 대해 희망고문으로 점철된 시간낭비를 최소화하는 게 내 이름의 책 한 권을 내는 데 가장 지름길에 들어서는 비결이라 생각한다. 보고서나 아티클 같이 사실과 정보를 전달하는 기계적 글쓰기는 그나마 접근이 용이할 수 있다. 하지만 대중들이 구매하는 단행본으로 출간되는 원고라면 반드시 출판 전문가의 도움이 절대적으로 필요하다. 이를 이른 시기에 인정하는 것이 오히려 유익하다.

이때 중심에서 효율성과 합리성을 함께 잡아줄 출판 코디네이터가 있으면 좋다. 내 이름의 책 한 권을 기획하고 제작하는 과정에서 코디네이터는 저자를 만나 출간 목적을 파악하고 목차를 작성하며 일정을 조율하는 컨트롤타워가 된다. 저자가 뜬구름 잡는 막연한 생각 밖에 없다면 기획 단계부터 새로 설계하고, 원고가 진척이 없고 만년 지지부진하다면 과감하게 대필을 투여할 수도 있다. 모든 기능이 다 중요하지만, 코디네이터가 하는 작업 중에 가장 중요한 일은 출판사와의 사이에서 의견을 조율하는 일이다. 코디네이터는 저자의 기획서를 들고 현장을 뛰며 출판사들을 만나 설득한다. 기획서는 발 없는 말이 되어 이곳저곳 편집장의 데스크를 두들긴다. 몇몇 출판사에서 다양한 반응이 전해 온다. 여기서 효율성과 합리성이 필요하다. 코디네이터는 저자를 대신하여 출판사와 출판 협약을 체결하고 계약서를 작성하는데 이때 저자의 상황과 마음을 헤아려 중간에서 최적의 출판 조건을 끌어내는 최상의 효율성을 발휘한다. 또한 무작정 인세 비율을 올리거나 계약 조건을 좋게 가져가는 게 아니라 저자와 출판사 모두 상생할 수 있는 부분에서는 합리성도 발휘하여야 한다.

비록 내 이름의 책 한 권을 위한 진행과정에서 셰르파의 역할을 하는 코디네이터의 존재가 여러모로 도움이 되고 그 도움이 꼭 필요할 수도 있지만 이 책을 정독한 예비 저자라면 기획, 원고 진행, 출판계약과 출간이라는 책의 전 과정에서 중심을 잡고 리드해 나갈 수 있는 최소한의 현명함은 구비되리라 생각한다. 특히 책의 출간을 위한 출판사와의 적절한 계약은 효율성의 극대화를 우선 하지만 반드시 합리적 조건의 범주에서 이루어져야 함을 항상 염두에 두기 바란다.

역할의 도움을
요청하는 솔직함

내 이름의 책 한 권에서 원고의 진행은 다양한 방식으로 접근이 가능하다. 글쓰기가 가능한 저자라면 당연히 스스로 원고를 만들 수 있겠지만, 도저히 스스로 원고를 쓸 자신이 없거나 쓸 수는 있겠는데 현업의 일이 너무 많아 시간의 효율성이 필요하다면 전문가의 도움을 받을 수 있다. 필자가 의뢰인에게 항상 전하는 이야기가 있다. 원고를 진행하는 방법은 세 가지가 있으며 그것은 자필, 윤문, 대필이라고. 자필은 저자 스스로 원고를 완성하는 것이며, 윤문은 저자가 일단 거칠게 원고를 작성하고 작가가 이를 다듬는 것이다. 대필은 저자의 자료와 인터뷰 등을 바탕으로 작가가 원고를 진행한다. 그런데 코디네이터로서 저자와 이 부분을 논의하는 과정이 의외로 힘든 부분이다. 대부분의 저자가 작가의 도움을 미리 염두에 두지 않았거나 실질적인 필요성을 못 느끼는 경우가 많기 때문이다. 하지만 대다수의 원고는 도움이 절실한 상황이다.

대필작가의 활동이 공공연하게 이야기되는 미국에서는 저자와 이름을 같이 올리거나 저자와 거의 동등한 수준의 인세를 받기도 한다.

하지만 우리나라에서는 대필에 대한 부정적인 인식 때문에 아직 공공연하게 밝힐 수 없다. 상황이 이렇다 보니 저자에게 대필을 권하는 것이 쉽지 않은 경우가 많다. 그래서 주로 윤문을 권하지만 이 또한 현실적으로 녹록지 않은 저자들이 대부분이다. 대필이나 윤문은 부끄러운 행동이 전혀 아니다. 출판의 기획과 진행을 코디네이터로부터 도움 받듯 자신의 삶과 자신의 이야기를 바탕으로 글쓰기의 도움을 받을 수도 있는 것이다.

대필과 윤문은 언뜻 비슷해 보이고 가끔 명확한 구분이 어려울 때도 있지만, 엄밀히 말해서, 전혀 다른 작업이라고 할 수 있다. 우선 대필代筆은 말 그대로 저자를 '대신해서 글을 쓰는 작업'이다. 보통은 저자가 써놓은 원고와 자료를 출판에 알맞게 정리하고 이어붙이는 작업에서부터 아예 무에서 유를 창조하듯 처음부터 끝까지 창작하는 작업에 이르기까지 다양한 형태를 띤다. 흔히 '유령작가ghostwriter'라는 이름에서 알 수 있듯, 대필작가는 저자와 가장 가까운 거리에서 원고를 완성하지만 정작 자신의 흔적을 책 어디에도 남기지 않는, 「오페라의 유령」에 나오는 에릭과 같은 존재다. 최근에는 이런 관행에도 변화가 생겨서 대필작가의 존재를 판권이나 일러두기, 머리말 등에 남겨 놓기도 하는데 바람직한 현상이라 생각한다.

반면 윤문潤文은 만들어진 원고를 전체적으로 다듬는 작업을 말한다. 저자의 글을 윤색하면서 교정을 함께 하는 작업을 말한다. 교정과 교열은 숙달된 편집자의 기계적인 작업이라면 윤문은 글을 단순히 바르고 정확하게 만드는 것을 넘어 아름답고 유려하게 만드는 준-창작의 작업이라 할 수 있다. 그 규모나 방식에 따라 다르겠지만, 윤문 작업은 보통 대필 작업보다는 비용이 낮으며 작업 시간도 비교적 짧다.

참고로 대필 작업은 여러 방향이 존재하는데, 저자에게 원고와 자료를 받아 전체적으로 정리하는 작업이 있고, 인터뷰와 자료 정리, 서면질의서를 통해 원고를 작성하는 작업이 있다. 기획과 책의 장르, 방향에 따라 다르지만, 대필작가와 저자는 여러 차례 미팅과 인터뷰를 통해 원고의 틀을 잡고 내용을 조율한다. 가끔 이 자리에 코디네이터가 동석할 수 있다. 기획에 맞게 인터뷰를 유도하고 대화의 잔가지들을 쳐내는 데에는 때로 코디네이터가 저자뿐 아니라 대필작가도 컨트롤할 필요가 있기 때문이다. 저자가 너무 바쁘거나 인터뷰를 진행하기 힘들 때에는 서면질의서가 오가기도 한다.

이처럼 내 이름의 책 한 권을 위해서는 참으로 다양한 역량과 역할이 필요하다. 홀로 이 모든 것을 해결해 나간다면 더없이 좋겠지만 당신의 현실적 조건들에는 여러 제약이 뒤따를 수 있다. 편집자나 기획자 같은 출판 전문가의 조언을 들을 수도 있고 코디네이터와 긴밀한 동행을 할 수도 있으며 전문작가의 도움을 받을 수도 있다. 당신이 당신의 자리에서 굳건하게 서있으며 당신의 삶으로 씨줄 날줄의 이야기를 마음껏 풀어낸다면 결국 서로 다른 역할의 도움마저도 온전히 당신의 것으로 변환될 것이다.

독립출판의 길로
홀연히 존재하는 자유로움

『어서 가의 몰락』이나『검은 고양이』같은 소설을 읽어본 독자들이라 할지라도 미국의 소설가 에드거 앨런 포Edgar Allan Poe가 공포 소설을 쓰기 이전에 시인으로 먼저 등단했다는 사실을 아는 이는 거의 없다. 그도 그럴 것이 그의 시는 이해하기에 매우 난해하고 구조가 복잡해서 대중들에게 철저히 외면 받았기 때문이다. 젊은 시절, 그는 도박 문제로 대학에서 쫓겨나고 사귀던 여자친구와도 헤어지면서 인생의 첫 번째 난관을 마주하게 된다. 사랑의 감정이 연인을 시인으로 만들지만, 이별과 상실의 아픔도 당사자를 시인으로 만드는가 보다. 그렇지 않다면야 왜 세상 그 숱한 유행가들이 사랑만큼이나 이별의 아픔을 노래했겠는가? 그는 결혼을 염두에 두었던 여성에게서 배신당한 아픔을 절절한 시로 승화시킨다.

1827년, 그는 이렇게 눈물로 쓴 시와 예전에 틈틈이 써두었던 시들을 묶어 한 권의 시집을 출판하기로 마음먹는다. 그는 자신의 첫 번째 시집을 내는 영광(?)을 얻을 출판사를 열심히 찾아다녔지만 모두 보기 좋게 문전박대를 당한다. 들도 보도 못한 시골 촌놈의 시집을 내줄 출판업자를 찾는 건 하늘의 별 따기였던 것. 그렇게 포기할 그가 아니었다. '내 돈으로 내지 뭐.' 결국 수중에 있던 얼마의 생활비와 지인에게 빌린 돈까지 박박 긁어모아 캘빈 토머스라는 인쇄업자에게 시집 출간을 부탁한다. "많이는 못하고 딱 50권만 부탁하네." 이름하여 『태멀레인과 그 밖의 시들』이라는 제목의 시집이었다. 대략 40여 페이지에 달하는 그의 첫 번째 시집은 이렇게 초라하게 탄생한다. 명색이 자신의 첫 번째 시집을 내고도 정작 표지에 본명을 올릴만한 용기도 없던 그는 '어느 보스톤 사람'이라는 매우 이상한 가명을 앞세웠다. 이게 오늘날 공포 소설의 아버지로 불리는 에드거 앨런 포의 시작이다.

당연히 그의 시집은 아무런 평단의 반응도 끌어내지 못했다. 그는 포기하지 않고 다시 자비로 두 번째 시집 『알 아라프』를 낸다. 세 번째 시집은 보다 못한 동료들이 돈을 갹출하여 대신 출판비를 댄다. 모두 대중들의 관심을 받는 데 실패한다. 그런 책이 언제 있기라도 했나 하는 식이었다. 포는 그렇게 평생을 무명으로 살다가 1849년 고작 마흔 살의 나이로 볼티모어의 어느 길모퉁이에 쓰러져 비명횡사하고 만다. 그와 14살 차이가 났던 어린 아내는 지긋지긋한 가난과 궁핍한 생활 중에 병을 얻어 이미 한 해 전 그의 곁을 떠난 뒤였다. 호기롭게 전업 작가로 나섰지만 평생 자신이 쓴 작품으로 생활비를 번 것은 극히 미미했다. 비록 중퇴로 그쳤음에도 대학에서 영문학을 전공했다는 이력 덕분에 그는 죽을 때까지 잡지사 편집자로 일하면서 근근이 생계를 유지했을 뿐이다.

그런 그를 작가로서 세상에 알린 건 프랑스의 시인 보들레르였다. 그는 우연히 포의 작품을 읽고 감탄하여 그의 모든 작품을 프랑스어로 번역하여 에드거 앨런 포의 전집을 출판했다. 그의 이름으로 된 첫 번째 전집이 영어가 아닌 프랑스어로 세상에 나온 건 아이러니다. 그가 작가로서 자신의 조국인 미국에서 얼마나 철저하게 외면 받았는지 잘 알 수 있는 대목이다. 책을 출판하고 싶을 때 그 생각을 실천에 옮기는 것이 중요하다. 생각은 휘발성이 있기 때문이다. 그래서 출판사와 계약을 못하는 경우, 자비 출판은 아니더라도 독립출판으로 나갈 수 있다는 점을 명심하기 바란다.

최근에는 와디즈나 텀블벅 같은 크라우드 펀딩 플랫폼을 통해 우회적으로 출판을 하는 이들이 늘고 있다. 원고는 있으나 제작비를 감당할 출판사를 섭외하기 힘든 초보 작가들이 많이 이용하는 플랫폼들이다. 불특정다수에게 자금을 끌어오는 크라우드 펀딩crowd funding 방식을 쓰고 있기 때문에 원고만 좋으면 얼마든지 제작비를 모을 수 있다. 대표적인 플랫폼이 텀블벅www.tumblbug.com이다. 텀블벅은 저자가 출판을 원하는 원고를 프로젝트로 올리고 목표 금액과 모금 기간을 정하면 관심 있는 사람들이 프로젝트에 달라붙는다. 정해진 기간 안에 정해진 금액이 모이면 바로 제작에 들어간다. 아직 원고의 시장성을 확신하지 못하는 상황에서 초기 제작비를 모으고 소비자를 찾는 데에는 꽤 괜찮은 방식이라고 할 수 있다.

텀블벅 출판 프로젝트 예시 (출처: www.tumblbug.com)

근데 문제는 다른 데에 있다. 다름 아니라 크라우드 펀딩 플랫폼은 말 그대로 순수하게 제작비를 모금하는 곳이기 때문에 출판의 전 과정을 저자가 스스로 해결해야 한다는 점이다. 편집과 디자인은 물론이고 인쇄와 가공까지 모두 직접 알아봐야 한다. 이중에서 하나라도 직접 할 수 있다면 그만큼 용이하겠지만, 출판의 생리를 잘 알지 못하는 이들에게는 상당히 부담스러운 과정이 될 수 있다. 의무는 아니지만, 플랫폼에 프로젝트를 실감나게 업로드하려면 책의 디자인 예시가 미리 나와야 하고 인디고 출력본도 올려야 한다. 따라서 도와줄 분을 미리 알고 있지 않다면 일일이 크몽kmong.com 같은 플랫폼에서 적임자를 찾아야 한다. 디자인을 맡길 때에도 작업을 상세하게 지시해야 하는데, 출판이 처음인 사람들이 전문가의 도움 없이 이러한 작업들을 꼼꼼히 해낼 리가 만무하다. 어디 그뿐인가? 당연히 출판사 섭외도 불가능하기 때문에 기껏 책을 만들어도 외부에 팔 수도 없다.

부크크www.bookk.co.kr는 위와 조금 다르다. 소위 주문형 생산 방식이라고 불리는 POD를 통해 적정 부수를 출판하는 사업 방식을 표방하고 있다.* 편집이나 제작, 유통 등 출판사 업무를 부크크가 대행해 주기 때문에 저자는 처음부터 많은 비용을 지출해야 하는 부담을 획기적으로 줄일 수 있다. 반면 출판사 입장에서도 검증되지 않은 저자의 원고를 출판하여 쓸데없는 재고를 떠안거나 유통비를 부담할 필요가 없어 서로 윈-윈이다. 미국 출판시장에서 POD는 이미 하나의 출판 방식으로 확고한 자리를 잡았고, 아마존 같은 대형 플랫폼에서도 활발하게 활용하고 있다. 물론 부크크는 현재 아마존에서 하는 것과는 조금 다른 방식이긴 하다.

부크크의 비즈니스 모델은 엄밀히 말해 자비출판과 1인출판 사이어디쯤에 위치해 있다. 부크크를 이십 대에 창업한 CEO가 미국의 룰루닷컴이라는 POD 전문업체를 보고 그 방식을 그대로 국내에 벤치마킹했다고 스스로 밝힌 것처럼, 플랫폼은 현재 종이책과 전자책을

---

* POD: print on demand의 약자로 주문과 함께 제작이 들어가는 소량 제작 출판 방식이다.

모두 제작하고 있으며, 제작된 종이책은 ISBN이 있기 때문에 어느 단행본처럼 교보나 YES24처럼 일반 온라인 서점에서 유통된다. 단 전자책은 현재까지는 부크크 플랫폼에서만 유통되고 있다. 물론 외부에 팔지 않고 책을 내는 데 의의를 두는 이들은 소장용으로 가질 수도 있다. 쉽게 말해, 출판과 제작이라는 '투-트랙 전략'을 쓰고 있는 셈이다.

부크크나 텀블벅에서 심심찮게 베스트셀러가 나오면서 이들 플랫폼의 인기가 올라가고 있다. 대표적인 사례가 심리에세이『죽고 싶지만 떡볶이는 먹고 싶어』다. 편집자 출신인 작가 백세희 씨가 직접 텀블벅에서 진행한 프로젝트의 결과물이다. 입소문을 타고 책이 완판되면서 정식으로 출판사와 계약을 맺고 출판되었다. 이미예 씨의『달러구트 꿈 백화점』역시 텀블벅에서 대박을 치고 출판사에서 다시 출판된 소설이다. 출판사를 정하는 것이 어려울 때 독립출판이나 이런 다양한 출판 루트를 이용해 보는 것도 좋을 것이다. 물론 잘 풀리는 경우도 있지만, 텀블벅을 이용하는 출판에 구조적으로 확장성이 부족하다는 단점은 늘 명심해야 한다.

출판권 설정 계약서에
서명하는 당당함

기획이 좋고 원고가 완벽하다면 얼마든지 정당하게 기존 출판사와 출판 계약을 통해 책을 출판할 수 있다. 직접 출판사와 접촉하여 계약을 할 때 어떤 부분들을 알아야 할까? 출판사는 계약 시 어떤 점들을 따질까? 우선 출판사와 저자가 하는 출판 계약에도 여러 가지 종류가 있다. 이는 마치 메이저리그 계약과 같다고 할 수 있다. 자국 리그에서 선수로 뛰면서 쌓았던 커리어와 퍼포먼스를 인정받아 바로 팀과 메이저리그 계약이 이뤄질 수 있다. 전 경기 메이저리그 보장과 함께 40인 로스터에 들 수도 있다. 반면 충분한 능력을 입증하지 못했다면, 스플릿 계약을 받아들이거나 마이너리그에서 시즌을 시작할 수도 있을 것이다.

이와 마찬가지다. 출판 계약 역시 저자와 출판사 양자가 서로의 가치와 가능성을 맞춰보고 조율하는 동일한 과정을 거친다. 저자가 이름만 대면 누구라도 금방 알 수 있을 만큼 사회적 지명도가 높은 사람이라면 일단 계약이 순조롭게 진행될 수 있다. 『해리포터 시리즈』의 조앤 롤링Joanne K. Rowling이나 『상실의 시대』의 무라카미 하루키村上

春樹가 신작을 출간할 새로운 출판사를 찾는다고 가정하면, 거의 모든 출판사가 두둑한 선인세를 보장하는 계약서를 들고 영입전에 뛰어들 것이다. 왜일까? 그만큼 출판사 입장에서 확실한 투자가 없기 때문이다. 이들의 지명도와 작품의 완성도는 책의 판매에 지대한 영향을 미치고 확실한 성공을 보장한다. 메이저리그에 비유하자면, 드래프트 1순위쯤 되는 셈이다.

하지만 자신이 냉정하게 말해서 그만큼 지명도가 높은 저자가 아니라면, 처음부터 콧대를 세울 수 있는 상황이 아닐 것이다. 어떤 저자는 처음부터 출판사로부터 10% 인세는 받아야겠다며 고집을 피우는 경우가 있다. 현실적으로 처음부터 검증되지 않은 저자에게 파격적인 인세를 약속할 수 있는 출판사는 우리나라에 많지 않다. 웬만한 중견 출판사들은 자신들이 판단하는 저자의 가치, 즉 티켓 파워를 매기는 등급 목록을 자체적으로 가지고 있다. 대부분 아래와 같은 항목에 따라 저자의 등급을 파악하여 인세와 부수, 홍보와 기획에 대한 전략을 수립한다. 아래의 경우에 해당하지 않는 저자라면 초판 무인세로 계약을 진행해도 된다고 본다. 메이저리그에 비유하자면, 연봉은 조금 불만족스럽더라도 시즌 중에 보여주는 퍼포먼스에 대해 옵션 같은 다양한 단서 조항들을 달아놓는 계약과 같다.

- 베스트셀러급 저자: 전작을 통해 이미 시장성을 입증한 저자
- 유명인: TV 연예인이나 영화배우, 스포츠스타, 상위 등급 셀럽
- 유명 인플루언서: 수십만 명 이상의 구독자를 보유한 유튜버나 블로거
- 전문직 종사자: 지금 현직에서 활발하게 활동하거나 강연하는 전문가
- 명사, 유명인: 대학교수, 강연가, 정치인, 유명인사
- 종교인: 목회자, 성직자, 승려

자신은 책을 만 권 정도 팔 수 있다며 1쇄를 1만 권 찍자는 저자를 본 적이 있다. 용기와 의욕은 가상하나 보통 우리나라 출판계의 속사정을 모르기 때문에 일어나는 해프닝이다. 우리나라에서 한 해 동안 출간되는 신작들 중에서 1쇄 2천 권을 미처 다 소진시키지 못하는 책들이 수두룩하다. 책을 내면서 저자에게 1쇄라도 다 팔았으면 좋겠다고 말하는 게 단순히 출판업자의 엄살이 아니다. 1쇄를 팔더라도 짧은 시일 안에 털어내는 경우와 수년이 걸리는 경우도 출판사가 느끼는 부담이 전혀 다르다. 아무래도 재고가 쌓이다 보면 출판사 입장에서 부수적으로 창고비가 들고 이를 관리하는 부담이 생기기 마련이다. 따라서 출판 계약을 진행할 때 이러한 점들을 유념에 두는 게 좋다.

지금까지 너무 저자 입장에서만 말했다면, 이제 출판사 입장에서 설명해보자. 출판사는 하나의 큰 숙제를 가지고 있다. 그것은 출판사

를 차리고 운영하는 데 고정적인 지출이 발생한다는 사실이다. 대표적인 고정비가 인건비다. 출판사는 대개 편집자와 디자이너, 마케팅 담당자, 회계 및 경리 직원을 두고 있다. 작고 영세한 출판사들은 각 분야 한두 명씩의 담당자를 두고 있지만, 필자가 이사로 있었던 출판사의 경우에는 편집팀만 10개가 넘었다. 거기에 편집장과 편집자, 디자이너가 붙어 있고, 마케팅팀이 따로 돌아갔다. 한 달에만 수십 종의 신작이 나왔으니 인건비가 얼마나 나왔을지 아마 짐작하고도 남을 것이다. 책은 지식 상품이기 때문에 다른 제조업보다 비용에서 인건비가 차지하는 비중이 크다. 따라서 인건비만이라도 조금 줄일 수 있다면 더 없이 좋겠다고 생각하는 출판사가 대부분이다.

결국 출판사는 어차피 가용하는 직원이 일이 없어 노는 것보다 꾸준히 일을 하도록 활용하는 방안을 찾을 수밖에 없다. 인건비를 줄일 수 없다면, 인건비가 효율적인 지출이 되도록 계속 일감을 가져다주어야 한다. 쉽게 비유하자면, 출판사의 신작은 자전거에 올라타 바퀴를 구르는 것과 같다. 아무리 뛰어난 사이클 선수라 하더라도 연신 페달을 구르지 않고 그저 자전거 안장에 앉아만 있으면 어떻게 될까? 금세 넘어지고 말 것이다. 자전거가 균형을 잡고 앞으로 나아가기 위해서는 끊임없이 발을 굴러야 한다. 아니, 앞으로 나아가지 않아도 좋다. 같은 자리를 계속 원을 그리며 돌아도 자전거가 멈춰서는 안 된다. 멈추는 순간, 자전거는 균형을 잃고 자빠질 것이다. 출판사 역시 마찬가지다. 꾸준히 신작을 내지 않는 출판사는 운영이 불가능한 상태에 빠지게 된다.

최근에는 출판계 노동력이 몰려 있는 플랫폼들이 성행하다 보니 편집자와 디자이너는 의례 외주로 돌리는 분위기가 형성되어 있다. 많은 출판사가 많은 정규직원을 채용해서 인건비를 지출하기보다 소수의 정예요원으로 운영하며 일이 있을 때마다 프리랜서에게 일을 내려주는 걸 선택한다. 상황이 이렇다 보니 안정된 출판사 일부를 제외한 대부분의 출판사들은 도서기획의 일관성도 없고 방향성도 잃게 된다.

책을 출간하기 위해 출판사에게 저자 발굴은 필수적이다. 이 부분을 저자는 비집고 들어가야 한다. 괜찮은 원고라면 저자의 네임밸류가 그리 높지 않아도 적당한 선에서 출판을 하려고 할 것이다. 언제나 신간 출간을 위한 원고 부족을 느끼는 출판사 입장에서 이것 말고 다른 뾰족한 대안이 없다면 더욱 원고가 준비된 저자를 필요로 한다. 명심하라. 솔직하게 풀어낸 당신의 이야기는 얼마든지 시장에서 경쟁력을 가질 수 있다는 사실을. 그리고 그런 익명의 저자들을 출판사는 언제나 기다리고 있다는 사실을.

출판사의 제반 현실을
고려하는 지혜로움

　독립출판이 아니라면 출판사는 필요하다. 하지만 단군 이래 지속되는 출판계의 불황(?)으로 영세한 출판사들이 생각보다 많다. 게다가 우리나라의 경우, 출판사가 허가제가 아닌 신고제로 등록되는 법의 허점을 노리고 선량한 저자들을 울리는 불량한(?) 출판사들도 의외로 많다. 출판사를 선정할 때 출판사의 번듯한 명함보다 도서목록을 살펴야 하는 이유가 바로 여기에 있다. 계약에 앞서 출판사에게 최근 출판한 책을 몇 권 보여 달라고 하라. 출판사가 정식으로 시장에 내놓은 책의 뒷면에는 하나같이 ISBN이 달려 있다. 국제표준도서번호라고 하는 이 ISBN에는 그 출판사의 업력을 알 수 있는 다양한 정보가 들어 있다. 우리나라의 경우 국립 중앙도서관 산하의 서지정보유통지원시스템이 ISBN의 등록과 발급 업무를 대행하고 있다. 초보 저자가 한 출판사의 ISBN까지 신경 쓸 필요는 없으나 출판사의 수준을 어느 정도 가늠할 수 있는 정보가 들어있기 때문에 출판 계약을 진행하는 데 도움이 될 수 있다.

　일단 출판사를 선정했다면, 다양한 계약 방법을 고려해볼 수 있다.

상황에 따라 출판 제작에 들어가는 일정 정도의 비용을 부담할 수도 있으며, 적절한 조건의 인세 계약을 체결할 수도 있다. 물론 3C라 부르는 원고의 참신함creativity, 완성도completeness, 일관성coherency을 아우르는 본래 원고 자체가 지닌 가치와 더불어 저자의 명성과 시장성, 현직에서 활동할 수 있는지의 여부가 고려된다. 무엇보다 중요한 건 저자와 출판사가 서로 지나침이 없어야 하며 내 책이 정성껏 잘 만들어져서 정상적으로 시장에 유통되어야 한다는 점이다. 처음부터 비용 부담을 요구하는 출판사는 일단 피하는 게 맞다. 출판사 결정에 앞서 코디네이터 혹은 출판 전문가와의 상담이 꼭 필요한 부분이다.

책의 꼴이 나오기 시작하면 베스트셀러의 환상도 시작된다. 자신의 책이 굉장히 대단해 보이며 이전의 모든 책과 달리 절대적 강자로 여겨지기도 한다. 강의라도 조금 하는 상황이면 모두가 예비 구매자로 보이며 우정 구매로 힘을 실어줄 지인들의 관계도 부쩍 폭 넓어진다. 1쇄를 어느 정도 생각하고 있냐고 물으면, 대뜸 "한 만 부쯤 찍을까요?"라고 말해서 필자를 당혹케 하는 저자도 있다. 최근 들어 1인방송이 콘텐츠 시장에서 약진하면서 유튜버나 인플루언서와 함께 출판 작업을 진행하는 경우도 많은데, 이들 역시 자신이 보유하고 있는 구독자 수나 노출도를 지나치게 대단한 지표로 여긴다. 하지만 책은 그 어면 상품과도 다르다. 출간을 축하한다며 밥과 술을 사는 지인은 많아도 책을 읽고 싶은 마음이 생기지 않는다면 대부분 자신의 돈을 들여서 구매하지는 않는다. 스스로 선택하지 않은 책은 설령 선물을 받게 된다 하더라도 천덕꾸러기처럼 먼지를 뒤집어쓴 채 방치되거나 잘하면 라면냄비 받침으로 전락한다.

너무 지나친 발언인가? 메이저출판사에 있을 때 당시 여러 메이저 출판사와의 매출 비교를 통하여 다양한 통계적 분석을 했는데 그중에 기억에 남는 숫자가 있다. 출간 후 1년 이내에 3,000부 판매를 초과하는 비율이 전체 신간 종수에서 30% 초반이었다. 그만큼 1쇄도 다 소화하기 힘들다는 사실이다. 지금은 그때보다 출판계 사정이 더 나쁘기 때문에 2,000부 판매도 어려운 상황이다. 열이면 열 모두가 이왕이면 메이저출판사에서 자신의 책이 출간되기를 희망한다. 하지만 이것은 커다란 착각이다. 큰 출판사일수록 한 달에 출간되는 신간의 종수가 많다. 과거 필자의 경험으로 한 달에 많을 때는 45종, 평균 30종 이상을 출간했다. 지금은 그 수가 많이 줄어들었다고는 해도 여전히 메이저출판사는 다달이 많은 책들을 기계적으로 찍어낸다. 필자가 몸담았던 메이저출판사의 경우, 편집 팀이 10개가 넘었는데 각각의 편집 팀들은 서로 경쟁적으로 그리고 의무적으로 책을 만들었다.

상황이 이렇다 보니, 메이저출판사라도 매달 출간하는 모든 책들을 동등하게 대접할 수 없다. 수십 권의 책 중에서 정말 대박을 칠 것 같은 책 두서너 권만 집중해서 홍보한다. 이런 말을 하면 좀 그렇지만,

개중에 어떤 책은 그저 밀어내는 책으로, 또 어떤 책은 들러리 같은 책으로 취급받는다. '선택과 집중'이라는 전략 하에서 극히 소수의 책에만 모든 마케팅 역량이 집중되고 나머지는 각자도생의 자생력을 믿고, 아니 타고난 운명을 의지한 채 험난한 출판 시장에 말 그대로 내던져진다. 메이저출판사 아니면 안 된다고 떼쓰기 전에 자신의 원고가 매달 메이저출판사가 출간하는 수십 권의 책 중에서 소위 '선택된 소수'가 될지 '버려지는(?) 다수'가 될지 냉정하게 자문해 봐야 한다.

반면 작은 출판사는 고작해야 편집장 한 명을 둔 죄(?)로 한 달에 고작 해야 한두 권 나올까 말까 한다. 조금 더 규모가 있다 해도 한 달에 4권 이상 출간하기 힘들다. 상황이 이렇다 보니 당신의 책이 그 출판사의 전부일 수밖에 없다. 중소 규모의 출판사에게는 매달 내는 책의 성패가 곧 자신의 생존과 직결되다 보니 책 하나 하나가 너무 소중하고 중요하다. 바로 여기가 발상의 전환이 요구되는 지점이다. 자신의 원고가 더 많은 관심을 받고 홍보와 유통이 이루어진다면 메이저출판사에서 낸 그렇고 그런 책보다 시장에서 훨씬 더 큰 경쟁력을 가질 수 있다. 막대한 선인세와 함께 정중히 모셔가는 저자가 아니라면, 출판사를 정하기에 앞서 이러한 출판계의 생리를 한 번쯤 곰곰이 생각해 볼 필요가 있다.

출판사가 당신의 책 한 권을 제작하는 데에는 많은 노력과 비용이 소요된다. 엄연히 책도 시장을 갖춘 하나의 상품이며 그 상품이 만들어지고 유통되어 소비자의 손에 들어가는 데까지 여러 사람들의 수고와 비용이 들어갈 수밖에 없다. 편집비와 디자인비, 제작비(종이, 인쇄, 제본), 홍보비, 물류비 등이 기본적으로 발생하기에 책마다 조금씩 차이는 있지만, 기본적으로 손익분기점을 넘기기 위해서는 최소한 2,000부 이상 판매되어야 한다. 그런데 의외로 1쇄를 소진하지 못하는 경우가 비일비재하다고 앞서 말했다. 야심찬 기획과 부푼 희망으로 출판된 책들의 대부분은 주인을 만나지도 못한 채 모두 창고에 쌓여있다. 문제는 출판사가 1쇄를 팔지 못하면 당신의 책은 고스란히 출판사에 재고로 남게 된다는 사실이다.

당신은 다행히 '내 이름의 책 한 권'을 얻었을지 모르지만, 당신의 책을 선뜻 만들어 준 출판사는 그 손실을 모두 다 떠안아야 한다. 작업을 진행하다 보면 이러한 출판계의 냉엄한 현실을 대부분의 저자들이 거의 모르고 있다는 사실을 종종 발견한다. 당신의 소중한 원고를 선택해 준 출판사에 감사해 하고 출판사의 어려운 상황을 먼저 헤아려줄 필요가 거기에 있다.

나가는 말

독자에서 저자로의 변신,
그 화려한 비상을 위하여

　독자에서 저자로 바뀌는 모습은 자연계에서 흔히 볼 수 없는 하나의 위대한 장관을 연출합니다. 위대한 변화에는 아픔이 따르는 법입니다. 그저 책이 좋아 평소 책을 가까이 했던 소비자에서 내 이름의 책 한 권을 시장에 내놓는 생산자로 신분과 지위를 바꾸는 변화는 한 인간으로 하여금 뼈를 깎는 고통을 마주하게 합니다. 때로 형편없는 문장만 나와 좌절을 거듭하거나 스스로를 믿지 못하는 깊은 불신에 빠져 허우적거리기도 합니다. 전날 열심히 써두었던 글을 읽어보면 너무 촌스럽고 낯부끄러워 휴지통에 던져버리기도 합니다. 이런 모든 부정적인 감정과 실패의 경험들이 쌓이고 쌓여 임계점을 넘을 때쯤, 원고는 제 모습을 갖추기 시작합니다. 그렇게 탄생한 내 이름의 책 한 권은 세상 어디에도 없는 나만의 이야기를 담은 보석상자가 됩니다.

　이 책은 그간 필자가 만난 적지 않은 저자들을 떠올리며 그들과의 경험을 다른 예비 저자들과 공유하기 위해 집필되었습니다. 내 이름의 책 한 권에 대한 꿈은 늘 가지고 있으나 여전히 망설이고 있는 이 시대의 많은 독자들에게 "여러분도 충분히 할 수 있습니다."라고 격려하는 심정으로 한 문장 한 문장 써내려갔습니다. 돌이켜보면, 핑크빛 동화 같은 아름다운 모습만 상상하는 독자들에게 출판의 현실을 너무 냉정하게 소개한 건 아닌지 조금 걱정이 앞서기도 합니다. 분명한 건 내 이름의 책 한 권이 빌기만 하면 모든 소원을 들어주는 마법의 램프의 지니 같은 대상은 될 수 없다는 겁니다. 하지만 필자가 이 책을 통해 진심으로 전하고 싶었던 건 내 이름의 책 한 권이 저자의 삶에 긍정적인 변화를 이끌어내는 하나의 작은 불꽃이 된다는 진리였습니다. 오로지 숫자와 통계로만 움직이는 도서 시장의 특성상 충분히 경쟁력이 있을 것 같은 원고들도 쉽게 버려지고 무시되는 거 같아 책을 만들고 유통시키는 한 사람으로서 늘 마음이 아프고 힘들었습니다. 개중에 계속 문을 두드려 결국 출판까지 이어진 사례들을 보며 잔잔한 위로와 보람을 느끼기도 했습니다. 그리고 필자는 그러한 보람을 차제에 바로 여러분들과 나누고 싶습니다.

감사합니다.

작은 날갯짓의 시작,

내 이름의 책 한 권

1판 1쇄 인쇄 2021년 9월 7일
1판 1쇄 발행 2021년 9월 15일

지은이   정도준, 백승기

발행인   김성룡
제목 글씨   이연창
편집   김은희
디자인   김민정

펴낸곳   네스트북
주소   서울시 마포구 월드컵북로 4길 77, 3층 (동교동, ANT빌딩)
문의메일   2001nov@naver.com
구입문의   02-858-2217
팩스   02-858-2219

이 도서는 한국출판문화산업진흥원의
'2021년 출판콘텐츠 창작 지원 사업'의 일환으로
국민체육진흥기금을 지원받아 제작되었습니다.